Thomas Rawlings, Eduard Pelz

Die Auswanderung

Mit besonderer Beziehung auf Minnesota und Britisch Columbia

Thomas Rawlings, Eduard Pelz

Die Auswanderung

Mit besonderer Beziehung auf Minnesota und Britisch Columbia

ISBN/EAN: 9783743432659

Hergestellt in Europa, USA, Kanada, Australien, Japan

Cover: Foto ©ninafisch / pixelio.de

Weitere Bücher finden Sie auf **www.hansebooks.com**

Die Auswanderung

mit besonderer Beziehung auf

Minnesota und Britisch Columbia

von

Thomas Rawlings.

Aus dem Englischen übertragen und eingeleitet

von

Eduard Pelz.

Hamburg.

Hoffmann & Campe.

1866.

Einleitung.

Als ich im Mai 1858 die kleine Schrift „Nachrichten über Minnesota" (Bamberg, Buchner'sche Buchhandlung) veröffentlichte,*) geschah dieß hauptsächlich mit der Absicht: Die Aufmerksamkeit Deutschlands auf eine Gegend zu ziehen, die meiner vollkommenen Ueberzeugung nach als das vorzüglichste Auswanderungsziel für Solche angesehen werden muß, welche sich veranlaßt fühlen, ihre alte Heimath in Europa mit einer neuen zu vertauschen, deren Klima, Bodenbeschaffenheit, Lage und Bevölkerung eine gedeihliche Zukunft versprechen. Es wurde von mir besonders darauf hingewiesen, daß die Deutschen auch an dieser neueröffneten, ausgezeichneten Stelle leicht „zu spät" kommen könnten, und nachdem das Beste von Andern vorneweg genommen sei. Diese Befürchtung vermehrte sich bedeutend von Tag zu Tag durch die Aufmerksamkeit, welche Engländer der betreffenden Gegend widmen, wie aus nachfolgender Einladungsschrift Thomas Rawlings deutlich hervorleuchtet, zu deren Veröffentlichung in deutscher Uebertragung ich mich deßhalb veranlaßt fühlte.

---

*) Es ist davon eben eine dritte, vermehrte Auflage bei Hoffmann & Campe in Hamburg erschienen.

Minnesota wurde von mir im Sommer 1858 besucht, und in seiner Hauptrichtung durchstreift, wobei sich Alles vollkommen bestätigte, was ich aus guter Quelle für vorerwähnte kleine Schrift zusammengetragen; ja es übertraf das von mir selbst Betrachtete bei weitem noch die günstigen Darstellungen Anderer, und ich würde einen ausführlichen Reisebericht gern in Deutschland veröffentlicht haben, wenn nicht die Schwierigkeit, einen geeigneten Verleger dort zu finden, dieß verhindert hätte. Wäre das Auswanderungswesen besser geordnet und so organisirt, wie es wünschenswerth und nothwendig ist, dann würde man mit derartigen Bestrebungen nicht so gänzlich ununterstützt dastehen.

Bei dieser Veranlassung wird man es hoffentlich nicht als überflüssig erklären, wenn ich die nachfolgende Schrift eines sehr gut unterrichteten Engländers mit einigen erläuternden Bemerkungen einleitend versehe.

Was Rawlings von der „überschüssigen" Bevölkerung Europas sagt, enthält sicher nur Wahres, und es unterliegt keinem Zweifel, daß ein zweckmäßiger Abfluß durch Auswanderung im Interesse Europas sowohl, als auch in dem der wahrhaft empfehlenswerthen Auswanderungsziele liegt. Europa hat, zumal in gewissen Gegenden, Ueberfluß an Arbeitskräften, und leidet zu Zeiten Mangel an Nahrungsmitteln. Nebenbei drückt die magnetisch zu nennende Anhäufung des Kapitals auf die dadurch gepreßten Massen, und das „Verderben der neuern Civilisation," wie Schlosser den Handel mit Staatspapieren nannte, zeigt in der That auch in Europa sehr niederschlagende Wirkungen. Es macht sich eine Geldmacht immer fühlbarer, die mit den „niedrigsten Mitteln" jeden höhern Aufschwung hemmt, und das Joch der Selbstsuchtsherrschaft über die Menschenfamilie bringt. Nichts erscheint daher erklärlicher, als daß Auswanderung dahin eintrete, wo gesunde, fruchtbare und wohlgelegene Strecken nur der fleißigen Menschenhand bedürfen, um

Ueberfluß an „des Leibes Nothdurft und Nahrung" zu erzeugen, und wo sich Aussicht auf gedeihliche Zukunft zeigt.

Woran die Menschenfamilie von Alters her kränkelte, das ist ein Zusammenfließen an einzelnen Punkten, wodurch Künstlichkeit des Lebens entsteht, die nicht Dauer oder Bestand haben kann, sondern Verfall nach sich ziehen muß. Schon Cicero sprach sich darüber sehr entschieden aus, indem er sagte: „Ficta omnia celeriter, tanquam flosculi, decidunt, nec simulatum potest quidquam esse diuturnum." Man kann dieß füglich deutsch so wiedergeben: Alles Künstliche vergeht schnell und fällt ab wie Blumen, noch können Täuschungen von Bestand sein. Unser neuzeitlicher Industriebetrieb, die vorerwähnte Kapitalistenwirthschaft, und andere Verkünstelungen, führen überall zu bedenklichen Krankheitskrisen, die nur durch angemessene Vertheilung und Beschäftigung der Menschen auf dem ganzen Erdboden zu vermitteln sind. Geben wir zu, daß große Städte die Wiege der Civilisation waren, so bedingt dieß doch keineswegs, daß dieses Kind den Platz behaupten müsse. Im Gegentheil soll es von da ausziehen und das Evangelium der Gesittung in der ganzen Welt verbreiten.

Wenn Rawlings so im Allgemeinen zur Auswanderung in's Gebiet des Nordwestens von Amerika auffordert, läßt sich ihm nicht unbedingt beistimmen; denn gegenwärtig können vornehmlich nur Personen, die an landwirthschaftliche Arbeit gewöhnt sind, und denen einigermaßen hinreichende Geldmittel zu Gebote stehen, mit Sicherheit auf das Gelingen der Auswanderung nach den bezeichneten Gegenden rechnen. Später wird allerdings auch dort im fernen Westen der Industriebetrieb sich entfalten, allein dieß kann Betreffenden gegenwärtig noch nichts nützen. Wer sich auf seine Gesundheit und Arbeitskraft zu verlassen vermag, findet jetzt allerdings fast überall in Nordamerika lohnende Beschäftigung und kann durch Sparsamkeit und Fleiß emporkommen; doch möchte ich selbst Solchen nicht anrathen: auf's Gerathewohl den letzten Pfennig an die weite Reise in's Innere zu setzen, sondern überhaupt sich darbietende günstige Gelegenheiten in's Auge zu fassen. Dahin gehört z. B. der große Bedarf an Arbeitern bei den im Bau begriffenen Eisenbahnen, die namentlich in Minnesota, Wisconsin und Jowa mit Eifer zum Angriff kommen. Ich habe in Minnesota Leute angetroffen, die ganz unbemittelt den Boden Amerikas betraten, sofort Arbeit an Eisenbahnen fanden, und jetzt nach Verlauf von etwa zwölf Jahren schöne Landbesitzungen eignen. Ebenso gedeihen fast alle Handwerker, die nicht allzunahe mit Kunstfächern verbunden sind. Indessen bedürfen dieselben doch meistens irgend eines vorher bedachten Anhaltes, sei es durch Anverwandte, Freunde oder Bekannte, und auf gut Glück vorauzugehen erscheint da keineswegs empfehlenswerth. Auch die Arbeiter beim Bergbau finden jetzt in Minnesota selbst fortwährend gutes Unterkommen, zumal wenn die daranstoßenden Mineralgegenden von Canada und Wisconsin in Anschl. ebracht werden, wo noch ein paar Tausend Bergwerks-Compagnien unter den günstigsten Umständen etablirt werden können, während jetzt erst etwas über ein Hundert bestehen und beständig Mangel an Arbeitern haben.

Bisher waren die in den Ver. Staaten getroffenen Anstalten zur bestmöglichsten Unterbringung ankommender Einwanderer, welche kein bestimmtes Ziel im Auge hatten, sehr unvollkommen und oft sogar recht tadelnswerth; allein durch neuliche Herstellung eines Einwanderungs-Büreaus mit Verzweigungen nach den geeignetsten Seiten hin, ist ein guter Schritt zum Bessern geschehen. Hoffentlich bildet sich diese längst erwünschte Einrichtung gedeihlich aus, und widmet den Ankommenden gebührende Sorgfalt. Daran können und werden sich gewiß wohlgemeinte Bestrebungen in Europa knüpfen.

Was Rawlings über die fehlerhaften Gesellschaftseinrichtungen Englands u. s. w. sagt, findet auch in Nordamerika vielfach Anwendung. Auch hier lassen dieselben Vieles zu wünschen übrig, und man darf daselbst keineswegs auf ein Utopien oder Eldorado und Schlaraffenland in jeder Beziehung rechnen. Dergleichen glänzende Vorspiegelungen führen jederzeit nachtheilige Folgen herbei; denn die Verlockten sehen sich natürlich getäuscht und halten vielfach durch das von ihnen erhobene Geschrei davon ab, wirklich vorhandene und dargebotene Vortheile zu benutzen. Stößt man doch selbst mit der vollsten Wahrheit auf Leute, die dadurch nicht zufrieden gestellt werden, und nur allzu geneigt sind, den Stab über herrliche Gegenden zu brechen, weil daselbst auch Mißständiges zum Vorschein kommt. So hörte ich hier und da Einzelne Minnesota durchaus verwerfen, weil im Winter dort etliche, allerdings sehr kalte Tage vorkommen, und zur Sommerzeit die Mücken an gewissen Stellen unbequem werden. Daß letztere Plagen überall mit der Urbarmachung des Bodens verschwinden, und überhaupt leicht abzuhalten sind, daß man sich an rauhen Wintertagen schon so einrichten kann, um der Kälte völlig zu entgehen, davon wollen solche Unzufriedene nichts wissen, weshalb kein Verständiger auf sie achten sollte.

Ich habe vorstehend namentlich Landwirthen zur Auswanderung nach Minnesota gerathen, und will daher Einiges über deren Niederlassung anführen.

Wer irgend die Geldmittel zum Ankauf von Ländereien besitzt, wird sicher am besten thun, kein Land in Anspruch zu nehmen, das fern von einem schiffbaren Flusse, oder von einem Markte liegt, der günstigen Absatz verspricht, und für bloße Schreibgebühren zu haben ist. Die Ländereien in guter Lage sind fast überall schon in Anspruch genommen, und wem es irgend möglich ist, der thut weit besser, dergleichen für angemessenen Preis an sich zu bringen. Mir sind mehrfach Farmer im Nordwesten aufgestoßen, die entfernt von Märkten angesiedelt waren, aber trotz des wohlfeilen oder unentgeltlichen Erwerbes ihrer Grundstücke übel genug daran waren; denn sie saßen da, abgeschieden von aller Welt, und hatten eben weiter nichts, als Ueberfluß an Nahrungsmitteln für sich selbst; sonst aber fehlte ihnen eben Alles, was das Leben glücklich zu gestalten vermag. Unter solchen Umständen ist es vorgekommen, daß Farmer in holz= armen Gegenden ihren Mais lieber im Ofen verbrannten, als denselben auf weit entfernte Marktplätze zu bringen, wo sie kaum so viel Geld dafür löseten, als die Transport= kosten zu decken vermochte. Sie ließen aus gleicher Ursache ihre Schinken lieber verderben, wenn dieselben wegen Ueber= flusses nicht verspeiset werden konnten. In Macgregor am Mississippi, zum Staate Jowa gehörend, traf ich Farmer aus dem Innern, die ihr Getreide ein paar Hundert Meilen weit bis auf diesen Marktplatz brachten, weil es noch der nächste und geeignetste war. Sie versicherten mich, daß der Erlös kaum mehr als die Transportkosten decke, allein, da ihnen etwas baar Geld anzuschaffen unerläßlich sei, so mußten sie in den sauern Apfel beißen.

Von der richtigen Wahl eines Niederlassungsplatzes hängt unbedingt das Meiste bei dem Gedeihen einer Aus= wanderung ab, und zwar auch speciell in Minnesota, wo indessen der günstigen Stellen sehr viele dargeboten sind. Dieser Staat bietet allerdings vorzugsweise das gesundeste Klima dar, verbunden mit großer Fruchtbarkeit des Bodens, und seine schiffbaren Flüsse sowohl, wie auch bereits im Bau begriffenen Eisenbahnen erleichtern allen Verkehr un= gemein. Gleichwohl werden nicht alle Striche des Staates von letzteren berührt, und darum wird meine Empfehlung von Umsicht bei der Wahl eines Niederlassungsplatzes gewiß als gerechtfertigt angesehen werden müssen.

Um wenigstens einen speciellen Fingerzeig zu geben, erfolgt als Nachtrag zu dieser Einleitung die Nachricht über Ländereien, welche von der ersten Division der St. Paul und

Pacific Eisenbahn=Compagnie zum öffentlichen Verkauf gekommen sind.

Obwohl der fernere Rath: wennmöglich in vorher organisirten Gesellschaften sich anzusiedeln, aus bekannten Ursachen als unpraktisch erklärt werden dürfte, so will ich denselben nichtsdestoweniger ertheilen. Mehrfach passender wird schon ein fernerer sein: sich in solchen Gegenden niederzulassen, wo bereits Deutsche wohnen. Die Unbekanntschaft deutscher Auswanderer mit der englischen Sprache allein heischt landsmannschaftlichen Beistand, wenn auch sonst mancherlei Tadel über das Betragen vieler Deutschen gegen einander auszusprechen sein würde, der nicht unbegründet zu nennen ist.

Nicht dringend genug läßt sich die Weisung von Rawlings den Auswandernden an's Herz legen, daß sie nur unter sachverständiger Leitung gehen möchten, obschon damit bei den meisten Deutschen nur tauben Ohren gepredigt werden kann. Wenn aber dennoch hiervon gesprochen werden soll, so würde ich in Vorschlag bringen, daß Verwandte und Befreundete daheim in Deutschland zu gemeinsamer Verfahrungsweise sich verbinden, und den Redlichsten, dabei aber Klügsten an ihre Spitze stellen möchten. Denn nichts kann treffender sein, als was Rawlings beispielsweise vom Landen der Kaufmannswaaren sagt. Mir kömmt es immer fast unbegreiflich vor, wie fortwährend Tausende nach Amerika strömen, die bei ihrer Landung daselbst nicht besser daran sind, als ausgeladene Kaufmannsgüter, die am Dock den Elementen ausgesetzt sind. Wie natürlich auch das Verlangen Auswandernder sein mag: endlich einmal ihre Schritte nach eigenem Willen bestimmen zu können, es sollte dasselbe doch im Zaum gehalten werden, und insbesondere wäre zu empfehlen, nicht auf das Zureden neuer Bekanntschaften allzugroßes Gewicht zu legen.

Es ist höchst wünschenswerth, wenn Gebildetere sich den Auswandererzügen anschließen; denn nur auf solche

Weise kann der Zweck aller Emigration bestens erreicht werden: Gesittung und Kultur über die ganze Erde zu verbreiten. Allein nichtsdestoweniger mag ich nicht verhehlen, daß solche Apostel der Civilisation sich darauf gefaßt zu machen haben, vielfache Opfer bringen zu müssen. Die Zeit, wo in Nordamerika eine ordentliche Bildungsatmosphäre entstanden sein kann, liegt jetzt noch in der Ferne, obwohl es schon weit besser ist, als vor ein paar Jahrzehnten, wo man selbst in New-York sich scheute, öffentlich deutsch zu sprechen. Minnesota zählt bereits eine verhältnißmäßig ansehnliche Zahl deutscher Bewohner; allein die Höhergebildeten finden sich noch immer nur selten vor, und sie werden von der Menge keineswegs nach Gebühr gewürdigt. Darauf hat sich ein Jeder gefaßt zu machen, der dorthin zieht, und darin liegt eine anziehende Ursache für Strebsame, diese Gelegenheit zur Entfaltung höchst wünschenswerther Thätigkeit zu benutzen. Denn das Ziel für alle Bildung und Gesittung kann nur in deren Ausbreitung gesucht werden, schon weil mit Erweiterung der Kulturatmosphäre das Wohlbefinden aller Gebildeten innig zusammenhängt. Erfährt man überdem, daß ein Deutscher letztlich Staatssekretär (Premierminister) von Minnesota war, und ein Deutscher gegenwärtig Staatsschatzmeister (Finanzminister) ist; daß fortwährend Deutsche als Mitglieder der Staatsgesetzgebung oder Staatsvertretung (Kammern) gewählt werden, so kann dies nur um so mehr dazu beitragen, Gebildete nach Minnesota hinzuziehen. Aus eigener angenehmer Erfahrung vermag ich die Versicherung zu geben, daß gebildete Deutsche von den Anglo-Amerikanern in Minnesota mit höchst günstigen Augen betrachtet werden. Außerdem stehen deutsche Landwirthe in außerordentlicher Werthschätzung und man wünscht namentlich deren Vermehrung sehr lebhaft.

Hinsichtlich der Vorkehrungen, die Auswandernden anzuempfehlen sind, will ich nur das Beispiel anführen, welches

schon mehrfach in verschiedener Gestalt mit mehr oder minder
gutem Erfolg zur Anwendung gekommen ist. Es besteht in
der Annahme von Führern (Conducteurs), die mit Sprach=
und andern erforderlichen Kenntnissen ausgestattet und Aus=
wanderer bestens bis an das Ziel ihres Unternehmens zu
leiten im Stande sind. Allerdings muß solch ein Führer
seinen guten Ruf bereits bekundet haben, und man sollte in
Europa hierauf mehr als seither Gewicht legen. Daß diese
Veranstaltung möglich und von gutem Erfolg ist, hat sich
bereits theilweis durch Einrichtungen einiger Auswanderer=
beförderer in Europa bewährt, die stets mit zahlreichern
Emigranten geeignete Conducteurs nicht nur bis an Ein=
schiffungsplätze, sondern sogar mehrfach über See gehen
lassen. Dieß verursacht nur scheinbar mehr Reisekosten für
Auswanderer, denn schon allein durch Vermeidung von
Uebervortheilungen wird der etwaige zu zahlende Mehr=
betrag reichlich ersetzt. Träfe man gleiche Anstalten für die
Weiterreise in Amerika bis an das Ziel der Niederlassung,
so würde ebenfalls guter Erfolg nicht ausbleiben. Daß jetzt
endlich von Seite des General=Gouvernements der Ver.
Staaten ein Büreau für Einwanderung hergestellt wurde,
dessen Pflicht es sein soll, Sorge um die Ankommenden zu
tragen, macht erwähnte Vorsicht noch keineswegs überflüssig:
Uebersiedelungen unter tüchtiger Führerschaft zu unternehmen;
denn es wird dabei allerlei in's Einzelne gehende Sorgfalt
erforderlich, die nur von Personen zu erwarten ist, denen
alle Umstände der Auswandernden genau bekannt sind.

Was außerdem noch an Vorsichtsmaßregeln im All=
gemeinen zu erwähnen wäre, findet man in guten Büchern
für Auswanderer, und ferner in betreffenden Zeitschriften
angeführt. Dagegen unterliegen speciellere Weisungen fast
immer so häufigen Veränderungen, daß dergleichen an dieser
Stelle kaum als rathsam erscheinen dürften. Oft taugen
solche Fingerzeige schon nicht mehr, wenn eine Schrift in

Europa zur Vertheilung kömmt, weil unterdessen der schnelle Dingewechsel Amerikas andere Umstände herbeigeführt hat. So weit es mir zu Gebote stehende Mittel gestatten, werde ich mich bemühen, betreffende Winke auf passende Weise bestens zu verbreiten. Der bestwilligste Schriftsteller im Emigrationsfache kann bisweilen zu Fehlgriffen veranlaßt werden, indem er Zustände mittheilt, die heute als vollkommen wahr gelten können, während sie sich morgen schon stark geändert haben. Auch nöthigen bisweilen Schicklichkeitsrücksichten zu Darstellungen, die nur der richtig zu verstehen vermag, welcher „zwischen den Zeilen" zu lesen im Stande ist. Dafür spricht das, was Rawlings über Canada und das britische Colonisationswesen sagt. Der wohlgesinnte und fast durchweg gut unterrichtete Mann deutet mancherlei nur oberflächlich an, was ein verständiger Leser wohl zu beachten veranlaßt ist. Im Allgemeinen sind seine Ansichten vollkommen richtig zu nennen, und was er über die Nothwendigkeit sagt, daß bei Auswanderungen Kopf und Hand stets gedeihlich zusammen Hand in Hand gehen sollen, liefert davon einen guten Beweis, und seine Schrift verdient wirklich den aufrichtigsten Dank, indem sie zu den besten Erscheinungen auf diesem Felde der Literatur gehört.

Unvergleichlich und scharf einschneidend ist der von ihm nach gewissen Seiten hin ertheilte Hieb in Betreff „wohlthätiger Landesverweisung", statt deren eine bestens hergestellte Organisation der Auswanderung durch ganz Europa, so wie auch in Amerika endlich hergestellt werden sollte. Hierzu sollten sich die Regierungen und sonstigen Befähigten beider Hemisphären ihre Hände reichen, da Solidarität der gesammten Menschenfamilie nicht in Abrede zu stellen ist. Der Wandertrieb beruht auf unumstößlichen Naturgesetzen, wie ich in einer kürzlich veröffentlichten Schrift, auch den Menschen betreffend, klar dargelegt zu haben glaube. Weder ein wohlgemeinter Lokalpatriotismus, der an die Scholle zu fesseln sucht, noch der Eingeborenschaftsdünkel, oder Nativismus, welcher „Fremde" von sich fern halten möchte, sind im Stande, aufzuhalten, was durch den Naturdrang stets gefördert wird. Man sollte beiderseitig ein thörigtes Beginnen aufgeben und verständige Anordnung an dessen Stelle treten lassen.

Mit vollem Rechte hat Rawlings die Niederlassung in Minnesota hinsichtlich des Klimas empfohlen; denn es kann europäischen Auswanderern nicht oft und dringend genug eingeprägt werden: vor Allem den Gesundheitspunkt bei Niederlassungen im Auge zu halten. Auf mehrfachen Reisen in Nordamerika habe ich Gelegenheit in Menge gehabt, mich davon zu überzeugen, daß Europäer hier überall sich acclimatisiren müssen, was je nach Umständen mehr oder minder mit Schwierigkeiten und Gefahren verbunden zu sein pflegt. Das Quellengebiet des Mississippi erscheint mir nach angestellten Beobachtungen am geeignetsten für gedeihlichen Uebergang aus Europa nach Amerika, und ich will an dieser Stelle bemerken, was zur Unterstützung meiner Ansicht dienen kann. Das Frühlingsklima fand ich in Minnesota weit vorzüglicher, als durchweg in den Vorderstaaten, bis hinunter nach Pennsylvanien und Virginien, wegen seiner größeren Temperaturgleichheit, die binnen 24 Stunden selten mehr als um etwa höchstens 14 Grad Fahrenheit schwankt, während in den Küstenstaaten oft Schwankungen von 30 und mehr Graden binnen wenigen Stunden vorkommen. Dabei herrscht auch des Sommers bei der größten Hitze bis zu 90 Graden stets ein erfrischender Luftzug, und die Reinheit der Atmosphäre macht das Athmen zum größten Vergnügen. Der Frühling tritt fast um dieselbe Zeit ein, als in südlichern Gegenden, was man aus dem Stande der Feldfrüchte ersehen konnte. Den Herbst schilderten Alle, mit denen ich darüber sprach, als reizend und mild. Mehrere ersichtlich schwere Lungenkranke, die aus südlichen Staaten zur Erholung nach St. Paul kamen, erfrischten sich unter meinen Augen wunderbar schnell. Ueber Strenge des Winters klagten Einige und behaupteten, daß zu dieser Jahreszeit die Luft sehr angreifend sei, und daß dann rheumatische Zufälle sich zeigten; doch versicherten mich selbst Frauen, die im mittlern Deutschland den gebildetern Ständen angehört hatten: es sei gerade der Winter die schönste Jahreszeit, und bei einiger Vorsicht lasse sich ganz vortrefflich in diesem Theile des Nordwestens leben. Allein Personen mit schwacher Brust und angegriffenem Lungensystem, die besonders genöthigt sind, sich der Kälte oder den scharfen Winden auszusetzen, mögen wohl Ursache haben, im Winter die mildern Klimate vorzuziehen. Bei zahlreichen Nachfragen, an Frischeingewanderte aller Klassen gerichtet, ist mir auch keine einzige Beschwerde über eigentliche Acclimatisirungskrankheiten zu Ohren gekommen, und deutsche Aerzte stellten das Vorkommen von dergleichen ganz entschieden in Abrede, während sie in den Vorderstaaten durchweg angenommen werden.

Minnesota hat unbestreitbar die Begünstigung eines südlichen Sommerklima's, verbunden zugleich mit den Vortheilen des stärkenden Winters. Im Sommer, wo die Wärme der Atmosphäre aus dem Süden ungehemmt emporströmt durch das Mississippigesenke, macht sich bemerklich, daß St. Paul unter gleichem geographischen Breitengrade mit Ferrara, Modena, Turin, Grenoble und Bordeaux liegt, also südlicher wie das südlichste Deutschland, wogegen während des Winters keine Alpen und Pyrenäen die kalten Luftströmungen aus dem Norden abhalten. Deshalb muß Rawling's Bemerkung über das Erhalten von Schafen und dergleichen zur Winterzeit im Freien mit Vorbehalt aufgenommen werden.

Jedenfalls ist das Klima Minnesota's im Allgemeinen als höchst gesundheitszuträglich und kräftigend zu erklären;

ich habe nirgendwo in Europa oder in Amerika den Menschen=
schlag besseraussehend angetroffen als dort, und schon ein
Blick auf die Hausthiere bestätigt diese Annahme. Man
findet die Weinrebe an geschützten Stellen, z. B. im Thale
des St. Petersflusses, wildwachsend, was Kundigen eine
zuversichtliche Gewährleistung sein wird. Schlichte Land=
wirthe, verschiedenen Nationalitäten aus dem Süden und
Norden Europas angehörend, die von mir vielfach befragt
wurden, rühmten ihren stets gesunden Appetit, verbunden mit
einer Arbeitslust, wie sie solche anderwärts nicht gehabt.
Daraus läßt sich unbedingt folgern, daß in dieser Central=
gegend Amerikas ein kräftiger Menschenschlag aufkommen
werde, der endlich zur Regulatorenschaft über den ganzen
Continent bestimmt sein dürfte, wie dieß der weitsehende
Staatsmann Herr Seward, in der von Rawlings aus
dessen Rede angeführten Stelle, angedeutet hat. Daraus
läßt sich auf eine Zukunft des Landes mit weittragenden
Aussichten schließen, was bei jeder Niederlassung überall
wohl zu berücksichtigen ist.

Rawlings umgeht bei seiner Betrachtung, vermuthlich
aus politischen Rücksichten, völlig die Anerkennung der
Befähigung Amerikas zur Hegemonie auf dem Gebiete des
Welthandels, woraus mit der Zeit für Minnesota wichtige
Vortheile entstehen müssen; denn die dortige Erzeugungs=
fähigkeit des Bodens kann nicht verfehlen, Ueberfluß und
Wohlfeilheit der Lebensmittel herbeizuführen, wodurch um
so mehr das natürlichste Fundament für den Industriebetrieb
entsteht, als dazu erforderliches Rohmaterial schon jetzt in
Holz und Mineralien zur Hand ist, oder erzeugt, und auf
wohlfeilen Wasserwegen leicht herbeigeschafft werden kann.
Der Selbstverbrauch von Weizen u. s. w. bleibt sicher um
so weniger aus, als — trotz aller Erleichterung durch
Wasserstraßen — die Entfernung von den Hauptmärkten
den Preis merkbar herabdrückt. Sobald nur hinlängliche

Bevölkerung sich eingefunden haben wird, werden auch schnell verschiedene Industriezweige in Minnesota zur Entfaltung kommen, wozu der Ueberfluß an Wasserkraft auf verschiedenen Stellen vorhanden ist. Sowohl die Landwirthschaft, als auch die Industrie, werden in Minnesota ganz besondere Unterstützung durch neuere Goldentdeckungen an den östlichen Abhängen der Felsgebirge erhalten. Nicht nur im Quellengebiet des Saskatschewan sind kürzlich reiche Goldlager entdeckt worden, sondern auch weiter südlich, und Minnesota gegenüber in einer Entfernung von nur 600 Meilen, ist das Idaho benannte Gebiet aufgefunden worden, wo der fabelhaft klingende Goldreichthum sich zeigte. Dieß Metall kommt in ziemlich großen Blättchen, und nicht selten in Klumpen vor. Auf einem Punkte arbeiteten 1863 bereits an 3 bis 400 Personen, wobei der Tagelohn 10 bis 20 Dollar war, wegen Mangel an Händen und überaus hohen Preisen der Lebensbedürfnisse. Seitdem ist die Zuströmung von Goldgräbern so sehr im Zunehmen begriffen, daß bereits die Anlage einer Eisenbahn, von St. Paul aus in jene Gegend führend, beschlossen ist und bald zur Ausführung kommen wird. Hierzu tritt noch die Entdeckung unerschöpflicher Torflager in verschiedenen Theilen dieses hochbegünstigten Staates Minnesota, wodurch dessen rasche Besiedelung sehr befördert werden muß.

Was Rawlings über die Conscriptionsfreiheit der Einwanderer sagt, hat seine vollkommene Richtigkeit, doch erscheint dieser Punkt aus folgenden Gründen von keinem großen Belang. Der beklagenswerthe Bürgerkrieg ist vorüber und die friedliebende Mehrheit der Unionsbevölkerung hat wieder das Ruder ergriffen. Man hat so eindringliche Lehren empfindlichster Art, am Geldbeutel, bekommen, daß nächstkommende Generationen daran ein volles Genüge haben dürften. Unvermeidlich hohe Steuern machen sehr belehrenden und friedlich stimmenden Eindruck; sie sind — meines

Erachtens — die beste Garantie gegen den Wiederausbruch kriegerischer Gelüste. Möglicherweise, ja wahrscheinlich, wird das der Nation von einem Rumpf-Congreß aufoktroirte Conscriptionsgesetz, mit seiner verwerflichen Ausnahmeclausel zu Gunsten der Vermöglichen, durch den Volkswillen bald beseitigt; jedenfalls aber macht ein dauernder Friede dieses ganz unconstitutionelle Gesetz thatsächlich zu nichte.

Die allerdings sehr hohen Steuern konnten nun zwar vor der Auswanderung nach den Ver. Staaten etwas zurückschrecken, indessen treffen dieselben Neuankommende nur wenig, wenn sie verständig zu Werke gehen, und überdem zahlt man allerwärts hohe Steuern bei raschem Geldumlauf, wie dieser in der Union stattfindet, und bei hohen Arbeitslöhnen viel leichter, als unter entgegengesetzten Umständen viel geringere.

Die Angaben hinsichtlich der nach Minnesota von Europa aus einzuschlagenden Reiserouten bedürfen einiger Nachträge. Nicht nur e i n e Dampferlinie ist zur Benutzung vorhanden, sondern es bestehen mehrere und noch andere sind in der Bildung begriffen. Nebenbei bieten sich auch wirklich empfehlenswerthe Gelegenheiten zur Ueberfahrt auf Segelschiffen dar. Sodann wurde neulich durch Herstellung der New-Jersei-Centralbahn eine kürzeste Route nach den Nordwesten in's Leben gerufen.

Dergleichen Angaben sind aber nur schriftstellerisch zu rechtfertigen, wenn von praktischer Wirksamkeit abgesehen wird. Wer Auswandernden thatsächlich nutzen will, muß durchaus den Dingen dichter und specieller zu Leibe gehen, was seine großen Bedenken hat; denn räth man bestimmt zu irgend Etwas, so treten alsbald Concurrenten mit ihren Anhängern auf und beschuldigen uns der Parteilichkeit, die natürlich erkauft sein muß. Ich bin deshalb Jahre lang in deutsch-amerikanischen Blättern als feiler Lohnscribent, als „literarischer Runner" hingestellt worden, habe jedoch keine Notiz davon genommen und mich nur des gestifteten Nutzens erfreut. Endlich sah meine Umgebung, daß ich nicht reich wurde, vielmehr periodenweis Mangel litt, und die Schande fiel zuletzt auf die Verläumder zurück, ohne daß ich ein Wort gegen sie verlor.

Darum will ich auch bei dieser Gelegenheit ungescheut erwähnen, daß gegenwärtig die Beförderung der Emigranten nach dem Nordwesten von New-York aus **durch die Eriebahn** für die besteingerichtetste gehalten werden muß, wovon ich mich durch genaue Beobachtung und Vergleichung mit andern Beförderungslinien überzeugt habe. Die Direction dieser Bahn hat auf Anrathen ihre Emigrations-Agentur den Herren **von Neß & Dreyer** übertragen, welcher letztere — ein geachteter Deutscher — seit einer langen Reihe von Jahren in dem betreffenden Geschäft gearbeitet und den besten Ruf erlangt hat. An ihn kann sich jeder Landsmann mit vollem Vertrauen wenden, was unter obwaltenden Umständen von Belang ist.

Hamburg, im August 1866.

Eduard Pelz.

Die Auswanderung.

Mit besonderer Beziehung auf Minnesota und Britisch Columbia.

Es mag einigermaßen unpassend erscheinen, das Publikum in dieser Zeit vermittelst einer Flugschrift anzureden, betreffend die Auswanderung, insbesondere wenn Hervorhebung der hohen Vorzüge Amerika's den leitenden Gegenstand der Besprechung bilden soll. Unsere Schutzrede läßt sich indessen durch wenige Sätze erklären.

Europa ist überfüllt und bedarf eines Abflusses, einer Zuflucht seiner überschüssigen Bevölkerung. Das Land, wo die Erleichterung des Zuganges am directesten und gelegensten ist, und welches die vorzüglichsten Anlässe nicht sowohl für zeitweilige Abhülfe, sondern für künftige Wohlfahrt und Erfolge darbietet, muß nothwendigerweise das erwählte Asyl der die Heimath Verlassenden sein.

Mangel an Arbeit nimmt reißend schnell zu und greift um sich, während Elend und Hungersnoth „gleich Zwillings= raubthieren" Hand in Hand gehen, „um ihre Schlachtopfer in Trauer und Verzweiflung zu jagen." Schmerzlich ist in der That das dem Reisenden sich darstellende Gemälde, welcher viele von den Manufaktur= und Agricultur=Districten Englands und des Continents von Europa besucht. Das

Elend und Unglück, welches dort wohnt, mag nicht als Fehler der Regierungen zu betrachten sein, sondern vom Ueberfluß der dargebotenen Arbeitskräfte herrühren, sowie von begrenzter Fähigkeit des Bodens für Erzeugungszwecke und hinzutretendem Druck der Bevölkerung auf die Nahrungsmittel.

Niemand, der die Berichte prüft, welche von Zeit zu Zeit durch die verschiedenen Hülfsgesellschaften in Großbritannien veröffentlicht werden, kann dies thun, ohne tiefen Schmerz und Mitleiden zu fühlen, und Niemand vermag die entsetzlichen Nachrichten zu beachten, welche mit so großer Macht von den berechnenden Statistikern dargelegt worden sind, ohne den Wunsch nach Abhülfe zu empfinden, oder, wenn möglich, einen Plan darzubieten, wodurch die Ursache zu entfernen sei und gesunde Thätigkeit im zerrütteten Arbeitssystem entstehe, das so plötzlich niedergeworfen wurde. Die edelmüthige Mildthätigkeit eines hochherzigen Volkes, das so schwer besteuert ward, mag Vieles für zeitweilige Abhülfe dieses Elends gethan haben, das die ehrenhafte, mäßige und fleißige Klasse der Arbeitsbevölkerung übermannt hat; aber die Wurzel des Uebels ist nicht ausgerottet, der Krebs nagt noch an den Lebenstheilen; Bestrafung verfolgt noch immer diejenigen, deren einziges Verbrechen das Unglück ist. Der Arbeiter sieht den Kreis der günstigen Gelegenheit von Tag zu Tage immer enger um sich werden; Anstellung wird immer beschränkter für die Zahl der Befähigten, denn die Arbeit ist nicht nur ein Ueberschuß, sondern eine schlechte Waare auf dem Markte. Blickt er auf den Markt der Landwirthschaft, so sieht er jeden Acker beansprucht und in Besitz genommen, also völlig außerhalb seines Bereiches; da ist kein Ellenbogen Platz; er sehnt sich nach Unabhängigkeit, nach einer Gelegenheit zur Mitbewerbung; er möchte ehrenhaft und ernstlich zu diesem Zweck arbeiten, allein es fehlt an Gelegenheit und er ist kein Ackerbauer. Alle Oeffnungen, wodurch er seine Lage verbessern könnte, sind verschlossen,

und jede Aussicht auf Errettung vom Alp, dessen Gewicht
schwer auf ihm lastet, scheint verschwunden. Vielleicht blickt
auf ihn eine Familie als ihren Beschützer und als Mittel
zur Befriedigung der täglichen Bedürfnisse; seine Söhne
nahen sich schnell dem Mannesalter; sie sind stark, kräftig
und willig, aber die Belohnungen für Arbeitsanstellungen
sind beschränkt. Wird es unter solchen Umständen und
ungünstigen Anzeichen überraschen, wenn er irgend eine
zufällige Gelegenheit, oder ein praktisches Mittel zur Ver=
besserung seiner Lage freudig ergriffe. Er hat lange und
wacker gegen widrige Verhältnisse daheim gekämpft; er hat
ruhig und philosophisch die Widerwärtigkeiten ertragen, welche
das Geschick ihm in den Weg warf; aber wenn ihn endlich
seine Ueberzeugung gezwungen hat, zu glauben, daß die
fernere Aussicht für ihn verhängnißvoll genug erscheint, erblickt
sein geistiges Auge keinen Weg aus dem finstern Labyrinth
seines verwilderten Pfades, keine kommende Helle des Erfolgs,
zur Erheiterung der düstern Verzweiflung und traurigen
Umgebung, die ihn niederdrückt. Darf man sich wundern,
fragen wir, wenn er sich endlich entschließt, das weite Gebiet
des Zufalls zu betreten, wenn er sich vornimmt, einen
hoffnungslosen Kampf zu enden und dazu schreitet, den Altar
seiner Liebe — seine Heimstätte — in einem neuen Lande
zu errichten und in einem neuen Klima, wo der Boden seiner
Ankunft harrt, und nur seine hülfreiche Hand bedarf, um
ihn mit den Nothwendigkeiten des Lebens zu versorgen, und
vielleicht bald mit Bequemlichkeiten, Ueberfluß und Reichthum,
mit den süßen Begleitern, Frieden des Gemüths, eine glück=
liche Gegenwart und die Aussicht auf eine herrliche Zu=
kunft? — — An solche ist diese Flugschrift gerichtet.

Ein Aufenthalt von fast einem Vierteljahrhundert in
den Ver. Staaten oder Britischen Provinzen, verbunden mit
vielleicht mehr als gewöhnlichen Begünstigungen durch Bekannt=
schaft mit deren hervorragendsten Männern, verbunden zugleich

mit ausgedehnten Reisen in allen Theilen dieses wundervollen Continents, sorgsame Studien und Beobachtungen des Gedeihens und der beispiellosen Entwickelung seiner Hülfsquellen, die ihres Gleichen nicht in der Geschichte irgend einer alten oder modernen Nation findet, eine Kenntniß seiner reichen und verschiedenartigen Erzeugnisse, oder eine fortgesetzte gesellschaftliche Verbindung während einer halben Lebenszeit — diese Gelegenheiten mögen uns vielleicht befähigen, die außerordentlichen Ansprüche zu erläutern, welche dieser Continent für das Studium und die Betrachtung dem Auswanderer darbietet, der sich vornimmt, ein neues Feld der Arbeit zu suchen und eine neue Heimath für sich selbst, für seine Familie und Nachkommenschaft.

Wir wissen, daß die Auswanderungsangelegenheit längst die Aufmerksamkeit nicht nur der Regierungen, sondern der Gesellschaften und Individuen auf sich gezogen hat. Es sind verschiedene verwickelte Vorschläge entworfen worden; man hat glänzend dargestellte Pläne ausgegeben, um das Auge des allgemeinen Lesers zu fesseln; gelehrte und philosophische Abhandlungen sind erschienen, aber ihrer Natur nach so tief, daß gewöhnliche Menschen bei deren Durchsicht mehr verwirrt gemacht, als aufgeklärt wurden. Belehrende und beredsame Vorträge, mit blühenden Beschreibungen von glänzenden Ländern und merkwürdiger Scenerie sind Zuhörern geliefert worden, die Nachrichten zu haben wünschten, welche jedoch nur das Ohr kitzelten durch nett abgerundete Sätze und brillante Aehnlichkeiten; sie ermangelten des großen Bedürfnisses — praktische Belehrung.

Hungrige Menschen stillen ihren Appetit nicht mit parfümirten Veilchen- und Rosenknospen, und der bescheidene Handwerker und Arbeiter, nach Kenntniß und Rathschlägen verlangend, die ihn befähigen können, sich über die Schwierigkeiten zu erheben, und seine Lage zu verbessern, wünscht, daß Belehrung ihm in schlichter Sprache und nicht in dunklem, klassischem Flickwerk vorgetragen werden. Viele Pläne wurden geformt, und Gesellschaften gestiftet, in der Absicht, eine Kolonie zu bevölkern, oder eine specielle Lokalität empor zu bringen. Aber im ernsten Bestreben, die erwünschten Erfolge zu erzielen, hat es sich unglücklicherweise ereignet, daß die Befürworter übereifrig waren, indem sie die Ansprüche anderer, gleich vortheilhafter Gebiete verkleinerten.

Ein Kaufmann, der mit andern Ländern Handel treibt, ist stets beflissen, seine Waaren an den Markt zu bringen, wo sie verlangt sind, und wird einen Agenten anstellen, der die Güter in Empfang nimmt und über sie nach bestem Vortheil bestimmt; oder dieser Kaufmann würde durchaus unklug verfahren, wenn er seine Waaren ununterschieden nach irgend einem Hafen verschiffen wollte, wo er weder den Bedarf kennt, noch wüßte, ob Gewinn oder Verlust zu erwarten stände; oder — schlimmer noch — wenn diese Waaren auf einem Dock gelandet würden, wo sie den Elementen ausgesetzt wären, die ihren Werth zerstörten. Wie oft lesen wir gleichwohl Berichte über Menschenfracht, die Tausende von Meilen weit nach Kolonien verschifft werden, wo sie an der Küste unter Fremden gelandet werden. Weit im Innern des Landes mögen vielleicht Striche unbebauten Landes vorhanden sein, die nur der Arbeit bedürfen, um Reichthum zu erzeugen; allein es ist Niemand vorhanden, der ihre Fußtritte leitet — kein Freund in dem erwarteten Elysium, um sie in den Hafen der Ruhe zu bringen — er sieht sich allein gelassen. Die Aufgabe des Planmachers ist erfüllt: er wurde kostenfrei nach diesem Lande geschafft, das von Reichthum zu strotzen verspricht; allein der verlockte Auswanderer findet keine Erleichterung zur Erreichung des Innern; keine Mittel für den Unterhalt stehen ihm zu Gebote, und die breite wilde See rollt zwischen ihm und dem weitentfernten Lande, das er freiwillig hinter sich ließ.

Eine andere Klasse des Volkes, zu der wir sprechen

wollen, sind die mittleren Klassen, welche im Leben behaglich eingerichtet erscheinen, jedoch den Wunsch hegen, ihren Söhnen beizustehen, um ihr Glück im Lebensdrama zu machen. Kaum einer unter den Touristen Englands besuchte die westlichen Staaten Nordamerikas, ohne etwas von seinen überflüssigen Fonds in Land zum Besten seiner Kinder anzulegen. In solchen Fällen ereignete es sich immer, wenn die Auswahl des Landes mit Umsicht getroffen wurde, daß die Werthsteigerung und der Gewinn bei solchen Anlagen die sanguinischsten Erwartungen mehr als erreichte.

Weniger als die Hälfte des Geldes, das in England nur allein für die Landmiethe gezahlt wird, reicht zum Eigenthumserwerb in den Ver. Staaten, Canada oder Britisch Columbia hin. Welcher Antrieb zur Arbeit muß es sein, wenn man erfährt, daß jeder für Urbarmachung, Verbesserung oder Verzierung verausgabte Pfennig für eigenes Besitzthum verwendet wird und das Bewußtsein ist sehr süß: ein Landbesitzer zu sein, unabhängig von einem Eigenthümer, der immer am Vierteljahrstage seinen Besuch macht. Wenn junge Männer diese Regionen besuchen und ihre Ländereien sorgsam prüfen wollten, so würde sich dies als ein glücklicher Tag in ihrer folgenden Laufbahn erweisen. Es ist kläglich, die Geschichte unserer verschiedenen Kolonisations-Gesellschaften zu lesen; denn wegen verfehlter Beurtheilung und schlechter Verwaltung sind die Ergebnisse einfach elend gewesen. Der Gebrauch von hochtönenden Namen und Lordtiteln für den Zweck der Leitung solcher Unternehmungen, ist bloß nutzlos. In ihrer eigenen Sphäre geben wir ihren Nutzen zu; allein in der Sphäre der Auswanderung kann nichts erfolgreich erzielt werden, außer durch Solche, die praktische Erfahrung besitzen, oder durch Andere, die willig und befähigt zur Arbeit sind. Wenn die Auswanderung erfolgreich durchgeführt werden soll, so erfordert sie gereifte Pläne, die verständig beschlossen und von der Stunde an, wo der Aus=

wanderer sein Geburtsland verläßt, genau befolgt werden müssen, bis er am Orte seiner Bestimmung anlangt, wo die Niederlassung geschehen soll, und selbst dann noch ist verständige Leitung höchst wünschenswerth. Geschieht dieß nicht, so wird sicherlich Ungemach und Fehlschlag erfolgen. Bloße „wohlthätige Landesverweisung" (Deportation) kann, wie schon erwähnt, vornweg keine wohlthätigen Folgen hervorbringen, selbst wenn Zehntausende von Pfunden (Sterling) gespendet und Schiffsladung auf Schiffsladung menschlicher Wesen an fremde Küsten gesandt werden. Es geziemt daher dem Auswanderungslustigen, die bezüglichen Vortheile des neuen Landes zu bedenken, welche sich ihm zur Auswahl darbieten.

Die Ansprüche von Australien wollen wir durch Anführung einer Stelle aus dem Werke des volksthümlichen Schriftstellers William Gowitt erledigen. Die Frage wegen Verlustes an Zeit, durch die Reise entstehend, bleibt unberücksichtigt, ebenso die unendlichen Kosten und die zahllosen Erschwernisse, welche mit der Einsperrung auf dem Schiffe durch drei oder vier und oft sechs Monate verbunden sind; er bemerkt: „Die Vorsehung hat ausgedehnte neue Länder verliehen, wo sich die überfließende Bevölkerung niederlassen kann; aber selbstsüchtige und kurzsichtige Regierungen nehmen sofort Besitz von dem, was als freie Gabe Gottes zu erachten ist, und vertheilen es in solchen Stückchen, daß die drängenden Bedürfnisse ankommende Einwanderer dazu zwingen, gegen einander zu bieten, bis das Land in solchen neuen Gebieten, Millionen Acker unbeanspruchten Bodens enthaltend, theurer wird, als selbst das theuerste in dem Lande, das sie verließen." Was die Nachfrage um Arbeit anbetrifft, so findet in einem Departement bereits Ueberfüllung statt.

Wir sprechen nun von andern Gegenden, die mit verhältnißmäßig geringerem Aufwande an Zeit und Geld erreichbar sind. Damit ist der große westliche Continent

Amerikas gemeint. Dahin richtet sich die Masse der europäischen Auswanderung zu drei Viertheilen, durch natürliche Leitung, entweder nach Canada, Britisch Columbia, oder in die Ver. Staaten. Es ist unsere Absicht, die zufälligen Vorzüge eines gewissen Theiles der letztern anzudeuten, und zwar jene des großen Staates Minnesota, westlich von Wisconsin und der großen Binnenseen gelegen, welcher jetzt — wie wir darzulegen im Stande sind — anziehender erscheint, als alle andern Lokalitäten. Aber zuvor ein Wort über die andern letzthin angeführten Gegenden.

Canada ist, wie fast Jedermann weiß, ein weit ausgedehntes und gedeihendes Land, dessen Bevölkerungszunahme jedoch nicht gleichen Schritt mit seiner mächtigen Nebenbuhlerin, der großen Republik, gehalten hat. Gleich den meisten Kolonien Großbritanniens könnte es besser regiert sein, und die intelligenteren Einwohner, besonders in West-Canada, sind sehr mißvergnügt mit einer parteiischen Gesetzgebung. Was Einwanderung anbetrifft, so ist dem Ansiedler nicht zu viel Aufmunterung dargeboten. Welche Pläne auch in dieser Hinsicht vom Colonial-Amte ausgegangen sind, sie wurden zusammengeschmiedet mit dem „rothen Faden",*) und öffentliche Menschenfreundlichkeit hat unglücklicherweise sich nicht abhalten lassen, große Erfolge durch dieß Beispiel des Gouvernements zu hoffen. Die Landbewilligung ist auch noch vieler Verbesserung bedürftig und sollte wohlfeiler sein. Allein ohngeachtet dieser künstlichen Nachtheile und den natürlichen des Klima's, könnte der Zustand Canadas so blühend und anziehend für Auswanderer sein, als es bei den Ver. Staaten der Fall ist. Jedermann weiß, daß dieß nicht der Fall ist, und Alle, die mit den Verhältnissen beider Länder bekannt

---

*) Der Ausdruck „red tape" bezieht sich bekanntlich auf den Gebrauch in England: Staatsschriften mit einem rothen Faden zu binden und auf gleichmarkirtes Papier zu schreiben. Dabei findet der Nebenbegriff von Canzlei-Schlendrian und büreaukratische Zopfigkeit statt. A. d. U.

sind, müssen der Ursache beistimmen. Daß England die Wichtigkeit seiner Kolonien nicht völlig gewürdigt hat, kann die Geschichte dieser Kolonien bestätigen. Amerika wurde zum Theil durch die blinde Unwissenheit und Halsstarrigkeit der Minister eines der George verloren und sogar gegenwärtig wird bloß ein laues Interesse für Canada und Britisch Columbia gefühlt. Die Londoner Presse klagt oft über den Mangel an Patriotismus von Seite der Bevölkerung Canadas und deutet klar darauf hin, daß die Zeit herannaht, wo von Canada zu erwarten stehe: es werde für sich selbst sorgen. Wenn solche Politik in Betreff Canadas befolgt wird, kann dieß nur sehr selbstzerstörend wirken. Der fähige Correspondet des „Daily Telegraph" — Georg Augustus Sala — stellt in einem seiner jüngsten Briefe den Fall sehr stark heraus, und warnt in ernster und beredsamer Sprache das Colonial=Departement vor den Folgen der Vernachlässigung und des Mangels an Sympathien, welcher von Seite des väterlichen Gouvernements an den Tag gelegt wird. Die nordamerikanischen Kolonien Großbritanniens sind nur in ihrer Kindheit; ihre unentwickelte Kraft schläft noch; ihr erstaunenswerther Reichthum ist noch verborgen; ein mächtiges Reich wird an einem kommenden Tage auf den weiten unkultivirten Aeckern entstehen, die sich nach dem stillen Meere hinziehen. Es hängt von dem einheimischen Gouvernement ab, die Loyalität des Volkes zu nähren, die Bande der Verwandtschaft durch jedes Band des Handels zu stärken, und durch jeden Beweis der Sympathie und des Schutzes zu fesseln.

Das unentwickelte Gebiet von Britisch Columbia ist nahezu an Ausdehnung den gesammten Ver. Staaten gleich, und wer kann sagen, ob die Goldlager dieser Gegend nicht an Ausdehnung jene von Australien und Californien übertreffen. Allein, um sie zu erreichen, hat der Auswanderer Minnesota zu durchkreuzen, eine unbedeutende Entfernung, wenn man sie mit der vergleicht, die bereits durch die Reise von Europa nach dem Westen zurückgelegt ist; dennoch aber drei Längengrade betragend, und der Staat bietet alle wünschenswerthen Veranlassungen zur Anziehung des Auswanderers, völlig jenen von Britisch Columbia gleichstehend, wo nicht sie übertreffend.

Ehe wir von diesem sprechen, mag der mögliche Einwand beantwortet werden: daß Minnesota zu den Ver. Staaten gehört und, obschon entfernt vom Schauplatze des Krieges, dennoch in das Geschick des Landes verwickelt ist, das Scenen des Bürgerkampfes darbietet, ohne Gleichen an Ausdehnung und in Betreff der berührten Interessen.

Niemand kann mit tieferer Bewegung die Fortdauer eines die Herzen von Freude entblößenden Zusammenstoßes bezeugen als wir; Verwüstungen der Gegenden eines fruchtbaren Landes, die Starken und Jugendlichen vorzeitig hinweggerafft, und Elend und Sorgen in unvergleichlicher Ausdehnung fast in jedes Haus des Continents bringend.

Es ist nicht unsere Aufgabe, die politischen Aussichten zu berühren, welche sich hierdurch darbieten. Unsere Mission ist nicht das Schwert; unser Vorsatz ist nicht der Krieg, sondern Frieden. Den reichen Mais und den Weizen über weite Ebenen wogen zu sehen, die jetzt mit wilden Blumen die Erforscher begrüßen, das ist der Gegenstand, für den wir diese Flugschrift verfassen.

Amerika ist ein Riese, jung, stark, rüstig und thätig; es kann Schläge vertragen und Schicksalswechsel, dieser Kraft angemessen. Der Krieg mag seine Macht eine Zeit lang lähmen; seine Energie mag zeitweilig erschöpft werden; aber wenn der Liebesengel seinen Olivenzweig des Friedens in sein Herz pflanzt, wenn die Waffen des Todes und Krieges zur Seite gelegt werden, und der Soldat zum Civilisten wird, und gleich dem alten Römer das Schwert in den Pflugschar umwandelt, wird sich die innerlich verbleibende

Kraft bald auf's Neue erholen. Der Reichthum Amerikas liegt in seinem Boden und ist in seine Felsen gebettet. Krieg mag Leben zerstören, Städte entvölkern, die Heerden niedermetzeln, die Baumwolle und den Mais auf der Oberfläche vernichten, und den Ocean des Handels hinwegschweifen. Diese Dinge können den Fortschritt hemmen; aber es kann nur eine Zeit lang dauern, weil mit erneuerter Kraft die Energie sich wieder einfindet, um ihren Weg auf der Laufbahn des Fortschritts zu verfolgen. Der fruchtbare Boden für Erzeugnisse, und die großen Flüsse zum Fortschaffen von jedem Acker des Landes, bleiben doch vorhanden.

Und nun wollen wir noch einen fernern Einwand beantworten. Zuerst sei bemerkt, daß kein Fremder in den Ver. Staaten der Conscription unterworfen ist, oder der Verpflichtung: irgend eine Summe zu bezahlen, um sich von der Verpflichtung zu befreien, Soldat in der Armee zu werden. Die Verantwortlichkeit des Bürgerseins, als eine ganz freiwillige Sache, kann viele Jahre hinausgeschoben, oder niemals in Anspruch genommen werden. Während dessen genießt der Fremde alle Privilegien des Eingeborenen, ausgenommen die nicht besonders wünschenswerthen: Geschworener zu sein, Milizdienst zu leisten u. s. w., oder auch ein Amt zu bekleiden. Seine Stellung ist wirklich in gewisser Beziehung eben jetzt besser, als die eines eingeborenen Bürgers. Der betreffende Paragraph ist nur in Rücksicht auf die sehr allgemeine Unwissenheit, und was noch schlimmer zu nennen, durch die Entstellung in Europa zur Sprache gebracht worden. Vor nicht langer Zeit behauptete ein leitendes Blatt Englands am Anfange eines editoriellen Artikels, daß der Auswanderer, sobald er seinen Fuß am Kai in New-York an's Land gesetzt, der unfreiwilligen Verpflichtung unterworfen sei, Soldat der Ver. Staaten zu werden! Ein größerer Irrthum konnte kaum stattfinden. Daß die Ver. Staaten die Fehlernbten Europas ersetzt haben und noch ferner ersetzen werden, ist unläugbar; alles, was sie bedürfen, sind Arbeiter. Wenn es wahr ist, daß der gegenwärtige Krieg die arbeitende Klasse sehr absorbirt und die Manufacturisten genöthigt hat, Arbeitern vermehrte Anerbietungen zu machen, so folgt daraus, daß die Begünstigungen für Einwanderer sich vergrößert haben.

Betrachten wir einen Augenblick das Gedeihen Amerikas, und bemerken, wie schnell die Ländereien in Kultur gesetzt sind, wie sie an Werth zugenommen haben, und wie bald die unternehmenden Pionniere glücklich, ja sogar reich geworden sind. Die Staaten des Westens, wie Illinois, Ohio, Jowa, Michigan und Indiana waren vor zwanzig Jahren nur dünn bevölkert, und Land konnte damals so wohlfeil als $1\frac{1}{4}$ Dollar für den Acker gekauft werden. Jetzt sind auf denselben Plätzen Dörfer, Landstädtchen und sogar Großstädte entstanden, während das umliegende Land von 20 bis 200 Dollar vom Acker bringt. In der That, die Geschichte der westlichen Staaten, wie sie in den statistischen Angaben des veröffentlichten Census dargelegt ist, lautet mehr wie Erdichtung als Wirklichkeit.

Es ist wohlbekannt, daß Nationen die Nothwendigkeit empfinden, nach der See als Verbindungsmittel hinzustreben. Dieß ist die Ursache, weshalb die Sitze der Civilisation stets an den Ufern der Festländer der alten Welt sich befanden; weshalb Asien mit seinen wenigen stürmischen Seen und beschränkten Küstenstrecken, in trotziger, nichtfortschreitender Abgeschlossenheit blieb, und Afrika, mit noch weniger schiffbaren Ufern, zur ewigen Barbarei verurtheilt ist; weshalb — bevor der Handel es wagte, die Mysterien des Oceans zu durchdringen — die Mittelpunkte der Macht sich mit dem erweiterten Kreis der Gesittung längs den Küsten des mittelländischen Meeres veränderten; weshalb — als die Schiffahrt eine Erweiterung der Grenzen des Oceans herbeiführte — das Scepter an Spanien überging, und endlich, als der Kreis des Handels den Erdball umfaßte, weßhalb England die Herrschaft zur See erlangte, als der gegenwärtige Centralpunkt aller excentrischen Linien der continentalen Landmassen. Allein wir haben hier nun einen Continent, bei welchem es nicht nöthig ist, das Meer als einziges Mittel für Verbindung zu suchen. Doch ist dieß noch nicht Alles. Auf dem neuen Theater ist eine neue und wundervolle Wirksamkeit eingeführt, die den Menschen für immer von der Seeherrschaft befreit. Die Segel und das Wagenrad sind nicht ausschließlicher zum Ziehen erforderlich, als die weiten Flüsse und Ebenen dieses Continents für die Dampfboote und Eisenbahnen geeignet erscheinen. Durch Anwendung des Dampfes für die Fortbewegung auf dem Lande, wird das Innere von Nordamerika sogar zugänglicher und durchdringbarer, als das Aeußere Europas. Daher ist hier die Entwickelung auf das Innere gerichtet, während sie dort ihre Richtung nach dem Ocean hin besitzt. Wenn Europa der Sitz des Handels zur See und der maritimen Civilisation ist, so wird Amerika nicht weniger augenfällig das Theater des Binnenhandels und der Festland=Entfaltung.

Dieses neue System der Inland=Ausbreitung ist um so viel mehr das Mittel des Fortschritts als der Seeverkehr, weil es eine größere Zahl physikalischer Distrikte in gegenseitige Verbindung bringt, und weil diese Verbindungen intimer und vollständiger sind, und ihr Austausch schneller, häufiger und energischer. Der Ocean bringt, sogar an den am meisten berührten Küsten Europas, in seinen Umrissen nur wenige Punkte in Berührung mit der Ausfuhr. Seine gebirgige Oberfläche macht den Eisenbahntransport beschwerlich und theuer. Seine Flüsse bieten der Dampfschifffahrt nur kurzen Lauf. Dagegen sind Nordamerikas Flüsse und Ebenen geeignet, die Punkte der Handelsberührung, die Mittelpunkte der Verbindungen durch Anwendung des Dampfes für Inlandsverkehr, bis in's Unendliche zu vermehren. Die Flüsse und Seen auf diesen Ebenen des Innern allein bieten eine ausgedehntere Uferlinie dar, als die Seeküsten aller übrigen Continente zusammengenommen. Diese Binnengewässer bilden ein großes System von Rinnen und Adern, verzweigt durch den ganzen Körper des Continents, jeden Theil der ungeheuren Oberfläche berührend und belebend, und alle verschiedenen Klimate und Gürtel der Erzeugung vereinigend. Nun ist aber Minnesota der Mittelpunkt dieser Binnen=Civilisation, so wie es London für die maritime war — wenn es wahr ist, daß das Zeitalter der maritimen Obergewalt vorüber und das der innern Entwicklung folgt.

Die angrenzenden Becken des St. Lorenz, des Mississippi und des Winnipegsees, bilden eine ungeheure dreieckige Ebene, durchgehends mit einer verschiedenartigen Bodendecke und Vegetation über eine gleichmäßige Geologie von Niederschlags=felsen. Dieses weite Binnenland=Becken, eingeschlossen von den Gebirgsketten der Küsten des Oceans, mit einem Flächen=raum von 2,500,000 Geviertmeilen, erreicht seinen Höhen=punkt in Minnesota, als den Gipfel, von welchem seine großen auseinanderlaufenden Thäler sich nach ihren oceanischen Ausflüssen hinneigen — die allgemeine Quelle und der Mittel=punkt, von dem aus diese drei großen Flüsse dem Meer zu=strömen.

Der Mississippifluß, im nördlichen Minnesota entspringend, giebt seinem Mutterstaate 900 Meilen seines Gewässers, wovon 400 Meilen mit nur zwei Unterbrechungen schiffbar sind, ehe er die Spitze der Schifffahrt unterhalb den Fällen von St. Anthony erreicht; von da aus in einem majestätischen Schritt gehend und in seinem Busen den Handel von fünf=zehn Staaten aufnehmend, endigt er im Golf von Mexiko in einer Stromlänge von 2,187 Meilen, wenn St. Paul als oberster Punkt angenommen wird. In seinem Becken umfaßt derselbe einen Flächenraum von 1,217,562 Geviertmeilen, mit einer Bevölkerung von 13,000,000 und einer zusammen=

gefaßten Uferlinie von 35,644 Meilen, wovon sieben Achttheile seinen schiffbaren Nebenflüssen angehören.

Wir wenden uns hiernach vom Allgemeinern der Ver. Staaten zu den schon angedeuteten Einzelnheiten, welche das schönste und einladenste Feld für Auswanderung in der Welt darbietet, und indem wir dies thun, scheint es uns das Beste zu sein, eine Stelle aus der Rede anzuführen, die der Ehrenwerthe William H. Seward, Staatssecretär der Ver. Staaten, in St. Paul, Minnesota, gehalten:

„Ich befinde mich jetzt zum erstenmal auf dem Hochlande im Mittelpunkt des Continents von Nordamerika, gleich entfernt von den Gewässern der Hudsonbay und dem Golf von Mexiko, von dem atlantischen Ocean zu dem Meere, wo die Sonne untergeht. Hier auf dem Flecke, wo fast Seite an Seite die zwei großen Flüsse entspringen, so daß sie einander küssen können, wovon der eine seinen sonderbaren, launenhaften, majestätischen und lebhaften Lauf durch See, Wassersturz und Stromschnellen, und See nach See, und Fluß nach Fluß, Wassersturz und Bucht, und See und Stromschnellen endlich nach einem Lauf von 2000 Meilen Ihren Handel halbwegs nach Europa bringt; der andere, nachdem er durch Hochland und Ebenen (Prairieen) eine Strecke von 2000 Meilen gegangen, Zufluß nach Zufluß von Osten und Westen aufnehmend, indem er die Gewässer der westlichen Alleghäny-Abdachung und die von der östlichen Seite der Felsgebirge herabträufelnden zusammenbringt, findet seinen Weg in den Golf von Mexiko.

„Hier der Platz — der Centralplatz — wo die Agrikultur der reichsten Gegend Nordamerikas ihre Tribute nach der ganzen Welt ausströmen lassen muß. Im Osten, längs den Ufern des Obernsees (Lake superior), und westlich, in einer breiten Ebene ausgestreckt, in einem Gürtel ganz durch den Continent, befindet sich ein Land, wo Staat nach Staat sich noch bilden wird, und wo die Erzeugnisse zum

Unterhalt der menschlichen Gesellschaft in andern alten über=
füllten Staaten hervorgebracht werden müssen.

„Dies ist also ein gebietendes Feld; aber es ist so
gebietend in Betreff der Bestimmung dieses Landes und für
diesen Continent, als in Bezug auf deren commerzielle Zu=
kunft; denn die Macht wird nicht beständig ihren Sitz am
östlichen Abhange der Alleghänys, noch in den Seehäfen
haben. Seeplätze sind immer von der Bevölkerung des
Innern überwogen und beaufsichtigt worden, und die Macht,
welche den Willen der Menschen auf diesem Continente aus=
drückt und mittheilt, ist in das Mississippithal zu verlegen
und an die Quellen des Mississippi und St. Lorenz.

„Ich habe zu unserer Zeit studirt, was Andern viel=
leicht geringfügig und visionär erscheint, indem mein Augen=
merk auf die Zukunft und den endlichen Mittelpunkt der
Macht des nordamerikanischen Volkes gerichtet war. Ich
blickte auf Quebec, New=Orleans, Washington und San
Francisco, auf Cincinnati und St. Louis, und das Ergebniß
meiner Muthmaßung war, daß der Sitz der Macht Nord=
amerikas in dem Thale von Mexico zu finden sei, und daß
der Glanz der Azteken=Hauptstadt aufgegeben werden würde,
indem es endlich die Hauptstadt der Ver. Staaten wird.
Allein diese Ansicht habe ich berichtigt; ich glaube nun, daß
der endliche letzte Sitz der Regierung dieses großen
Continents irgendwo innerhalb des Kreises oder
Radius zu finden sei, nicht fern von dem Platze,
auf welchem ich jetzt stehe, an der Spitze der
Schifffahrt auf dem Mississippiflusse."

Zeugnisse diesen Charakters, von einem Staatsmanne
solchen Ranges, dürfen nicht leicht hingenommen werden;
und er sagt sehr wahr, daß Minnesota als Königin an der
Spitze des Mississippi sitzt. Minnesota mit seinen innern
unermeßlichen Ebenen und seinem großartigen Wasserlauf,
der es der Länge und Breite nach durchzieht, bietet die

äußerste Fähigkeit für einen Verkehr dar. Durch den Mississippi kann Minnesota vom äußersten Süden Baumwolle, Zucker und Reis beziehen; von den Mittelstaaten Mais, Taback und Früchte; von den nördlichen Regionen Pelzwerk aller Gattungen; durch den Mississippi kann es seine Erzeugnisse nach New=Orleans senden, und von da nach Europa; oder es kann auch seine Produkte über die Binnenseen und den St. Lorenzfluß in's atlantische Meer schicken, oder außerdem durch das großartige Eisenbahnsystem, welches seinen Adernverlauf von Osten her hat. Allein seine Schwesterstaaten werden seine Erzeugnisse in kommenden Jahren verbrauchen.

Zufolge des Heimstättegesetzes, 1862 im Congreß passirt, bietet Minnesota eine viel größere Bodenfläche für freie Niederlassung dar, und ist besser geeignet für erfolgreiche Agrikultur an Boden, Klima und Lage, hinsichtlich der großen Straßen des Binnenhandels, als irgend ein anderer Staat des Westens.

Minnesota enthält beinahe 54,000,000 Acker Land. Davon sind nur etwa 7,000,000 Acker zu Ansiedlungen verwendet, oder nur so viel ist davon verkauft; außerdem sind ohngefähr 10,000,000 Acker für Schulen, Eisenbahnen ꝛc. vergeben, weshalb nahezu 37,000,000 Acker — ein Flächenraum wenig geringer als der des gesammten Neu=Englands — noch für freie Niederlassungen offen sind, zufolge der Wirksamkeit des Heimstättegesetzes.

Drei Viertheil dieser Bodenfläche bestehen aus Wellen=Prairie, untermischt mit häufigen Hainen, Eichenlichtungen und Gürteln von Harthölzern, bewässert durch zahllose Seen und Ströme, und bedeckt mit warmer schwarzer Erde von großer Fruchtbarkeit. Das Uebrige, den erhöhten Distrikt nördlich vom Obernsee umfassend, und westlich von den Quellen des Mississippi, ist hauptsächlich werthvoll durch reiche Mineralgänge an den Ufern des vorgenannten Flusses, und wegen der Fichtenwälder, die das Quellengebiet des letztern bekleiden, einen unerschöpflichen Vorrath an Nutzholz darbietend.

Das Klima ist schön und eines der gesundesten und fruchtbarsten auf diesem Continent. Obschon der Winter kalt ist, — seine mittlere Temperatur gleicht der von New-Hampshire, — so wird doch dessen Strenge sehr durch die Trockenheit der Luft gemildert, denn der ganze Durchschnittsfall von Nässe ist nur ein Sechstheil von dem in Neu-England.

Die Sommer sind dagegen sehr warm und kommen der mittleren Temperatur von Süd-Pennsylvanien gleich, und niemals fehlender Regen fällt in dieser Jahreszeit überflüssig, obschon die Luft verhältnißmäßig trocken bleibt Professor Maury nennt Minnesota den am besten bewässertsten Staat im ganzen Westen. Es ist zugleich frei von der strengen Dürre in Kansas, und von den Frösten und Krankheiten, die in feuchten Atmosphären vorkommen und bei schwererem weniger gut austrocknendem Boden.

Folgende Thatsachen sind der offiziellen Statistik Minnesotas entnommen:

So schnell auch das Wachsthum der Staaten des Westens vor sich gegangen ist, Minnesota hat sie sämmtlich durch seine Fortschritte übertroffen. Seine Bevölkerung 1850 war 5330, 1860 betrug dieselbe 172,022. Seine Agrikultur hat sich noch mehr entwickelt. Die Zahl der Buschel erzeugten Weizens 1850 war 1401, 1854 nur 7000, 1860 aber 5,001,432, was beinahe 30 Buschel auf jeden Einwohner betrug, oder viermal mehr als die Erndte Neu-Englands 1850.

Der Gesammtbetrag an Körnern und Kartoffeln, 1850 in Minnesota erzeugt, war 71,709 Buschel; 1860 war derselbe 14,693,517 Buschel, meistens in Körnern. Welcher Fortschritt in zehn Jahren!

Dieses überaus rasche Gedeihen der Agrikultur wurde hauptsächlich seit dem Falle der Landspekulanten 1857 hervorgebracht. 1858 wurden Brod und Lebensmittel in Minnesota noch eingeführt; 1861 führte man allein 3,000,000 Buschel Weizen aus.

Minnesota ist wahrscheinlich der beste Weizenstaat in der Union, vielleicht mit Ausnahme Californiens. Die Statistik seiner Weizenernde zeigt 1860 einen Durchschnittsertrag von 22 Buscheln vom Acker und 1850 nur 19 Buschel. Diese Ergebnisse sind von 50 bis 300 Procente größer als in den Hauptweizenstaaten, mit der angeführten Ausnahme. 1859 war z. B. der Durchschnittsertrag in Jowa $4\frac{1}{4}$ Buschel vom Acker; in Ohio $7\frac{1}{3}$. Illinois erzeugt zufolge einer sehr bekannten Autorität 8 Buschel vom Acker, und 15 Buschel wird als höchster Durchschnittsertrag in den besten Weizengegenden angesehen. Die verhältnißmäßige Ausnahme Minnesotas in Krankheiten und Insekten, welche in andern Staaten die Weizenernde verheeren, liefert einen großen Vorzug bei der Kultur dieses höchst werthvollen Artikels.

Man hat Minnesota oft als zu nördlich für den Maisbau betrachtet. Dieß ist ein großer Irrthum, begründet auf die Täuschung, daß die geographische Breite das Klima bedinge. Allein, das Klima wird wärmer gegen die Westküste dieses Continents hin, und obschon das Klima Minnesotas im Winter kalt ist, so sind doch seine Sommer so warm, als in Süd-Ohio. Es mag manche Leser überraschen, zu hören, daß die mittlere Sommertemperatur von St. Paul ganz dieselbe ist, wie in Philadelphia, fünf Grade südlicher, und daß es viel wärmer ist durch alle sechs Monate der Zeit des Wachsthums, als Chicago, drei Grade südlicher. Die Erzeugnisse des Bodens bestätigen die Angaben des metrologischen Armee-Registers.

Der Durchschnittsertrag von Mais 1860 war $35\frac{2}{3}$ Buschel vom Acker und 1859, in einem schlechten Jahre,

26 Buſchel. Beim Vergleich ſtellt ſich heraus, daß Jowa
22½ Buſchel vom Acker erzeugt, und Ohio, der Haupt=
maisſtaat, nur 29 Buſchel. In Illinois, wo der Mais
Hauptartikel iſt, bekundete Herr Lincoln — jetzt Unions=
präſident — in einem Agrikulturberichte, daß „die Durch=
ſchnittsernbte, ein Jahr um's andere gerechnet, 20 Buſhel
vom Acker nicht überſteigt." Dieſe für Minneſota ſo günſtigen
Ergebniſſe, was Erzeugung von Mais und Weizen anbetrifft,
werden Niemand überraſchen, der bekannt mit der von Klima=
tologen aufgeſtellten Thatſachen iſt, daß „Kulturpflanzen die
höchſten Erträge an ihren nördlichſten Grenzen liefern, bis
zu denen ſie gedeihen."

In ſüdlichen Breiten entwickelt der warme Frühling
die Pflanzenſäfte zu ſchnell. Sie treten in die Stengel und
in's Laub zum Nachtheil des Saamens. Mais erreicht
beiſpielsweiſe in Weſtindien die Höhe von 30 Fuß, erzeugt
aber nur wenig Körner am Ende eines ſchwammigen Gipfels,
zu rauh für menſchliche Nahrung. In den ſüdlichen Unions=
ſtaaten wird der Maisſtengel 15 Fuß hoch, aber der Ertrag
iſt weit geringer als in den nördlichen Staaten, wo der
Stengel 7 bis 10 Fuß hoch wird, und ſo verhält ſich's bei
allen Pflanzen, die man überhaupt im Norden ziehen kann.
Der kühle, ſpäte Frühling nördlicher Klimate hält die un=
zuträgliche Ueppigkeit des Stengels und Laubes zurück und
verſetzt die Hauptentwickelungszeit der Pflanze in die Periode
des Reifens. Mit der Sommerwärme von Süd=Ohio hat
Minneſota größern Ertrag von einer betreffenden Pflanze
und reichere Qualität, denn der kühlere Frühling hält die
Verwendung der Lebensſäfte vom Eintritt in Stengel und
Laub zurück und ſpart ſie für die Frucht auf. Andererſeits
hat Minneſota bei gleichem Frühling mit Maſſachuſetts
reichere Ernbten, denn es beſitzt einen wärmern Sommer.
Dennoch verbindet es die günſtigen Bedingungen für Qualität
und Quantität ſeiner Erzeugniſſe, und dieſe Bemerkung paßt

gleichzeitig auf alle Cerealien, so wie die eßbaren Wurzeln und die wilden Gräser des Landes, die so reichhaltig sind als die kultivirten Arten niederer Breitengrade. Sein Weizen, seine Gerste, Kartoffeln u. s. w., sind durch das ganze Mississippithal hochgeschätzt.

Seine Entfernung vom Markt, wodurch so viel Gewinn von der Weizenkultur abgezogen wird in den Transportkosten, nöthigt zur Aufmerksamkeit auf Viehzucht und Wollenerzeugung, wofür ganz eigenthümliche Vorzüge vorhanden sind. Darunter erscheinen hervorstechend: 1) Der Reichthum und die Ueppigkeit der einheimischen Naturgräser. 1860 zeigt die Statistik eine Heuernbte von 300,000 Tonnen an, mit einem Ertrage von zwei Tonnen vom Acker, was 60 Procent mehr beträgt, als der Durchschnitt in Ohio. Das Gras wird hauptsächlich auf den Wiesen gemäht, die überall das Gebiet der Wellenprairie durchkreuzen, oder sich an den Ufern der zahllosen Flüsse und Seen befinden. 2) Die große Ausdehnung unbeanspruchten Landes, welche für viele Jahre große Strecken freier Weide darbieten 3) Die merkwürdige Trockenheit und Gesundheit des Winters. Der Schneeregen, Koth, Schlamm und das Gefolge von Krankheiten, welches die feuchten und veränderlichen Winter der östlichen und südlichen Klimate über Menschen und Thiere bringt, sind hier fast unbekannt. Schaafe ziehen vor, den ganzen Winter in offener Luft zu leben und zu schlafen. Die kalte, trockene Luft schärft den Appetit und befördert rasche Fettabsetzung und eine kräftige Entwickelung der Muskeln. Die Wolle wird feiner und schwerer, und Schaaf-, Rind- und Schweinefleisch süßer und saftiger. Der Einfluß des Klimas und der reichhaltigen Weide ist in dem Milcherzeugniß zu erkennen. Nach dem Census von 1860 wurden über 3,000,000 Pfund Butter und Käse von 38,938 Kühen gemacht, oder 77,6 Pfund vom Stück, gegen 52 in Jowa, 46,8 in Illinois und 62 in Wisconsin.

Der Lufttrockenheit, sogar während des häufigen Regens im Sommer, wird die Gesundheit des Klimas beigemessen. Minnesota ist ein Gesundungsstaat für Schwindsüchtige, befreit von den Fiebern der dunstigen, krankhaften Atmosphäre der untern Staaten des Mississippithales. Diesem läßt sich auch großentheils die Ausnahme Minnesotas von den zerstörenden Frösten zuschreiben, welche in feuchten Gegenden während des Sommers eintreten. Zugleich beschützt seine Stellung im System der Atmosphäre und die ausgedehnte Wasserfläche, von seinen Seen gebildet, dasselbe gänzlich vor der strengen Dürre, die Kansas öde macht.

Minnesota besitzt einen großen Ueberfluß an Wasserkraft, wovon etliche seiner Mühlanlagen — z. B. an den St. Anthony-Fällen — zu den schönsten der Welt gehören. Seine hervorstechendsten Manufakturen sind Mehl und Schnittholz, für welches letztere die ausgedehnten Fichtenwälder, die den nordöstlichen Theil des Staats bedecken, einen unerschöpflichen Vorrath an Material liefern.

Die Handelslage Minnesotas ist eine der wichtigsten des Continents. Es wird durch die großen Binnenseen mit dem atlantischen Ocean nach Osten, durch den Mississippi mit dem Golf von Mexiko nach Süden und durch den Rothfluß (Redriver of the North) und den Saskatschewan mit dem Norden verbunden, welche letztere mit dem Winnipegsee zusammenfließen und eine Schifffahrt durch fruchtbare Thäler 1400 Meilen lang in nordwestlicher Richtung nach den goldhaltigen Abhange der Felsgebirge (Rocky Mountains) hin darbieten. Eine ansehnliche Einwanderung geht bereits durch diesen Kanal nach den Goldfeldern von Britisch Columbia. Minnesota ist der einzige Staat am westlichen Ufer des Mississippi, der eine große Agrikultur-Region besitzt, die nach Westen hindurchgeht; das ganze Land, westlich vom 98. Längengrade und südlich vom Saskatschewan, ist eine regenlose

Wüste. Dieser ebene Gürtel tragbaren Landes mit seiner Kette schiffbarer Flüsse, ist der natürliche Entwurf zu einer Ueberlanddurchfahrt in der westlichen Hälfte des Continents, gebildet vom Osten her durch den St. Lorenz und die großen Seen, und hat sich unwiderstehlich als die natürliche Route für die Eisenbahn nach dem stillen Meer dargeboten, mit ihrem Endpunkt am herrlichen Hafenplatze des Puget-Sundes. Dieser Plan, der warme Befürwortung in England und Amerika findet, macht Minnesota zum Mittelpunkt des inner-oceanischen Handels dieses Continents.

Der Congreß hat dem Staate ohngefähr $4^1/_2$ Millionen Acker Landes für die Herstellung von Eisenbahnen bewilligt, wovon einige schon im Bau begriffen sind. Die Vollendung weniger Hundert Meilen Eisenbahn, wird die Spitze der Schifffahrt von drei großen Wasserlinien des Continents verbinden, und Minnesota in Wirklichkeit so nahe bringen, als New-York und Pittsburg.

Wir werden vielleicht entschuldigt sein, wenn von uns ein Brief angeführt wird, den wir an den Herausgeber der „London Times" nach unserer ersten Ankunft in England richteten, nach einer Abwesenheit von nahezu einem Vierteljahrhundert, und der freundlichst im März 1863 in diesem Blatte abgedruckt wurde.

„Mein Herr! Durch die Reihe von Artikeln, welche zu verschiedenen Zeiten in der „Times" über den Continent Amerikas erschienen sind, bin ich veranlaßt worden, um einen kleinen Raum für die Darlegung der großen Verbesserungen zu bitten, die im Staate Minnesota und den anstoßenden britischen Ansiedlungen, oder Britisch Columbia, wie sie jetzt genannt sind, vorgenommen wurden.

„Eine Eisenbahn wird jetzt unter Specialakte der Staatsgesetzgebung von St. Paul bis zu einem Punkte gebaut, der zwischen dem Fuße vom See des großen Steines (Big Stone Lake) und dem Sioux-Wald-Flusse (Sioux-Wood-

River), via St. Cloud und Crow-Wing bis zu dem schiffbaren Gewässer des Rothflusses im Norden.

„Es ist eine Landbewilligung an erwähnter Linie gemacht worden, 3840 Acker auf die Meile längs der Bahn, und sie beträgt insgesammt 2,457,600 Acker.

„Die Züge gehen seit länger als sechs Manaten zehn Meilen weit von St. Paul nach St. Anthony.

„Das große Vorhaben ist, wie ich in St. Paul vernahm, durch Eisenbahnen die Schifffahrt des Mississippi und seiner Nebenflüsse zu St. Paul, nahe den Fällen von St. Anthony, und zu Stillwater am St. Croixfluß mit dem Rothfluß des Nordens und mit andern schiffbaren Flüssen des Nordwestens Britisch-Amerika zu verbinden. Vielleicht werden nirgendwo so wichtige commerzielle Ergebnisse auf dem Continent Amerikas erfolgen, als sich dann ergeben, wenn 6000 Meilen Dampfschifffahrt auf dem Mississippi und St. Lorenz, sowie 3000 Meilen dergleichen Schifffahrt auf den Flüssen von Central-Britisch-Amerika meist durch die vorgeschlagene Route der St. Paul und Pacific-Eisenbahn verbunden sind. Die Fracht u. s. w. durch Minnesota nach den englischen Niederlassungen von Selkirk und Saskatschewan, stellen eine gleich wichtige Thatsache hervor.

„Die Selkirk-Ansiedelung ist eine Gemeinde von 10,000 Seelen, von der man erwartet, daß sie bald der Gouvernementssitz einer neuen Kolonie Englands sein werde, die sich zwischen Canada und Britisch-Columbia ausdehnt.

„Gegenwärtig ist Fort Garry, in dieser Ansiedelung, das nordamerikanische Hauptquartier der Hudsonbai-Compagnie. Die Posten derselben, mehr als fünfzig an der Zahl, nehmen eine sehr herrschende Lage über den ungeheuren Flächenraum ein, begrenzt durch die Hudsonbai und den Obernsee (Lake Superior) im Osten, die Felsgebirge im Westen und den arktischen Ocean im Norden. Der Pelzhandel dieses ungeheuern Erdstriches zieht seine jährlichen

Erzeugnisse auf dem Rothflusse des Nordens in Fort Garry zusammen, von welchem Punkte aus die Kaufmannswaaren und Ersatzmittel auf Brigaden von Fahrzeugen bis nach den entferntesten Posten gebracht werden. Vor 1858 wurde die Ein= und Ausfuhr der Hudsonbai=Compagnie hauptsäch= lich auf der gefährlichen Route der Hudsonbai und des Nelsonflusses befördert, oder mit zahlreichen Hindernissen vom Obersee zum Rothflusse, auf der britischen Seite der Binnengrenze. Aber 1858 wurden Materialien zum Bau eines Dampfers nach dem Rothflusse geschafft, und 1862 befuhren zwei solche Fahrzeuge den Strom. Dieß wurde von unternehmenden Bürgern Minnesotas bewerkstelligt. Der früher zwischen St. Paul und Selkirk bestehende Handel hat sich demzufolge sehr vermehrt.

„Wenn in Betracht gezogen wird, was kein intelligenter Mensch läugnet, daß die Gegend nordwestlich von Minnesota und dem Lande, das sich von der Selkirk=Niederlassung bis nach dem Felsgebirg vom 49 bis 55 Breitengrade hin= zieht, so günstig für den Ackerbau und die Viehzucht ist, als irgend einer der nördlichen Staaten; daß die Haupt= temperatur im Frühling, Sommer und Herbst auf der 42 und 43 Parallele, in New=York, Ohio, Michigan, genau durch Fort Snelling und das Thal vom Saskatschewan bis zum 55⁰ am stillen Meere als gleichartig nachgewiesen wurde; und daß von der nordwestlichen Grenze Minnesotas dieser ganze District in Britisch Amerika nach allen Richtungen von schiffbaren Wasserlinien durchzogen ist, die vom Süden und Westen her im Winnipegsee zusammenfließen; so bleibt kein Zweifel übrig, daß die Colonisation des Continents sich über die ganze eben bezeichnete Region erstrecken wird, sogar auf dem gewöhnlichen Wege des Fortschritts land= wirthschaftlicher Niederlassungen."

„Ein neues Ereigniß, — eine neue sehr einflußreiche Gestaltung, — hat sich kürzlich ereignet, um den Fortschritt zu beschleunigen, der außerdem entfernt und spekulativ erscheinen würde. Die Entdeckung von Gold am Frazer-Flusse und seine Zuströmungen, rief die Organisation von Britisch Columbia hervor, und die Thatsache ist jetzt vollkommen festgestellt, daß die ausgedehntesten Goldfelder des nordwestlichen Britisch Amerikas — die Cariboo-Minen — sich so weit innerhalb der Felsengebirge, soweit hinauf an die obersten Quellen des Frazer-Flusses hinziehen, um praktisch erreichbarer von Selkirk, als von den Küsten des Puget-Sundes zu sein. Ein Schraubendampfer auf dem Winnipegsee, und zwei kleinere Flußdampfer auf dem Saskatschewan, zusammengenommen mit den jetzigen Dampfern auf dem Rothflusse, würden eine Linie von Quebec über St. Paul bilden, die den Weg nach dem Cariboo-Districte in 30 Tagen zurückzulegen verstattete. Verbunden mit der Thatsache, daß ich einen Brief von St. Paul über Portland nach Liverpool in 18 Tagen erhielt, was einer Entfernung von 5000 Meilen entspricht, so kann der Cariboo-Distrikt von Liverpool aus über Quebec und St. Paul binnen 28 Tagen, und Selkirk in weniger als 20 Tagen erreicht werden, wenn die St. Paul und Pacific-Eisenbahn vollendet sein wird. Dieser Sommer (1864) wird ohne Zweifel die Herstellung einer solchen Linie continentalen Durchganges bezeugen; einmal im erfolgreichen Gange, würde eine Ueberland-Einwanderung von England und den britischen Provinzen sich jährlich auf Tausende belaufen. Im Monat Mai 1862 gingen 300 Canadier durch St. Paul nach Fort Garry, von wo aus sie den Landweg nach dem Cariboo-Minen zu machen gedachten und an den Quellen des Saskatschewan sich umzuschauen, wo Gerüchte ein Seitenstück zu den Oberflächen-Grabungen in der Cariboo-Region andeuteten, die unmittelbar über den trennenden Abhängen der Felsengebirge so hervorstehend geworden sind."

„Die Hudsonbai-Compagnie lehnt jeden Zusammenstoß mit solch einem Gange der Dinge weislich ab. Es könnte nicht überraschen, wenn die fernern Dampfer, zur raschern Beförderung der Posten, Frachten und Passagiere nach Britisch Columbia erforderlich, unter Leitung der Hudsonbai=Compagnie hergestellt würde. Ihre Transportation auf dem Winnepegsee und dem Saskatschewan hat eine Masse erreicht, die vollständig eine erforderliche Kapitalanlage rechtfertigt. Da ich erst kürzlich von einer Reise durch den Staat Minnesota zurückgekehrt bin, so habe ich gewagt Ihnen meine, durch persönliche Anschauung gewonnenen Ansichten zu übergeben."

Seit der Veröffentlichung dieses Briefes ist die St. Paul und Pacific=Eisenbahn mit empfehlenwerthen Unternehmungsgeist gefördert worden. Schon sind 30 Meilen vollendet und weitere 50 Meilen graduirt, und das Eisen ist nun für die Vollendung unterwegs. Dieß ist nicht nur in einer Zeit außerordentlichen Finanzdruckes geschehen, sondern man erwartet, daß die energischen Contraktoren die Herstellung bis Pembina und Breckenridge beendigen werden, was eine Strecke von nahezu 500 Meilen in sich faßt, deren Ende die Grenzlinie der Ver. Staaten und Britisch Columbia ist. Die Schritte der Civilisations=Cohorten dringen rasch zum stillen Meer.

„Ich höre den Tritt der Pioniere
Von kommenden Nationen;
Den ersten, leisen Wellenschlag
Der wallenden Menschensee."

Man denke sich die Unermeßlichkeit eines solchen, der Welt geöffneten Raumes; denn durch diesen neuen Arm des ausgebreiteten Eisen=Systems werden bis zu fünfzig Millionen Acker Landes zugänglich für Auswanderer, die zu Schiffe und auf Eisenbahnen direkt vom europäischen Seehafen nach dem Boden hingehen können, der zur Besitznahme einladet.

Wie zahlreich und verschieden sind die Routen, auf denen dieser ebengleicher Erdfleck zu erreichen ist. Macht Schnelligkeit den Gegenstand aus? Eine Linie von Dampfern bringt den Auswanderer nach New-York, und von da kann derselbe über die New-Yorker-Centralbahn durch den Staat New-York fahren, und weiter nach Chicago; oder er mag von New-York aus die Erie-Bahn benutzen, welche ihn durch schöne Gegenden führt, und auch nach Chicago bringt; oder er kann auf der Pennsylvania-Centralbahn reisen und eine der romantischsten Routen der Ver. Staaten einschlagen, dennoch aber Chicago erreichen. Er mag Liverpool auf einem Dampfer nach Portland, Quebec, oder Montreal verlassen, oder durch Vermittelung der Grand-Trunk- oder Great-Western-Bahn entweder Milwaukee oder Chicago erreichen; von hier kann er direkt auf Schienenweg nach St. Paul gehen. Oder er kann den St. Lorenz eine große Strecke empordampfen. Der Hudsonfluß ladet ihn mit seiner prachtvollen Scenerie ein. Die Seen — diese Binnen-Oceane — sind bereit, ihn auf ihrem Busen nach dem Orte seiner Bestimmung zu tragen. Oder er mag von den weißklippigen Ufern Englands nach oer Mündung des Mississippi segeln, oder in New-Orleans landen — dem Schlüssel des sonnigen Südens, — die Königin der Gewässer, den Mississippi triumphirend empordampfen, bis er St. Paul erreicht und den entzückenden Minnehahafall. Hier findet er Agenten zur Berathung, zur Unterrichtung und zur Leitung. Gedenkt er nach Britisch Columbia zu gehen, die Route liegt vor ihm. Wollte er die alten und ehrenwerthen Besitzungen der Hudsonbai-Compagnie erreichen, man wird ihn die Mittel dazu verschaffen. Oder wenn sein noch abenteuerliches Gemüth mit goldenen Gebilden angefüllt sein sollte, so kann er sich schnell nach den Minen aufmachen, wo täglich die Basis des Goldwerthes der Welt an's Licht gebracht wird, das Emblem ihres Reichthums; denn

„Gold ist die Kraft, die Sehne der Welt."

Als ein Zeugniß für den Unternehmungsgeist, der in den Regionen jenseit Minnesotas entwickelt wird, und in

Betreff der politischen und socialen Ergebnisse, die von der Eröffnung dieser Regionen zu erwarten stehen, führen wir einen Artikel an, welcher kürzlich in den editoriellen Spalten des „New-Yorker Herald" erschien:

Britischer Fortschritt im Nordwesten.

„Monat nach Monat streben wir ernstlich und großartig in unserm Kampfe um nationale Existenz, und für die Unverletztheit unseres Bodens, und die ganze Welt beobachtet uns, begierig auf Lösung der Aufgabe: ob eine große Nation stehen oder fallen solle. Gleichwohl ist es nicht lange her, daß eine Macht, deren Territorium auf diesem Continent, im Range nur den Ver. Staaten nachstehend, gänzlich vom Schauplatze verschwunden ist, so ruhig wie das abgestorbene Laub zur Erde fällt. Diese Macht war nicht nur keiner andern, außer uns, nachstehend in der Ausdehnung ihres Landgebietes auf diesem Continent, sondern sie war nicht weit hinter uns; denn von den acht Millionen Geviertmeilen, die Nordamerika genannt werden, besitzen wir nur 2,400,000. Sie war an Ausdehnung nur um ein halbes Dutzend europäischer Staaten zurück; und wenn der Staat Texas und das Territorium Nebraska nicht mit in Rechnung kommen, würde diese Macht fast despotischer über einen größern Theil der Erdoberfläche gewesen sein, als die großen Ver. Staaten. Aber sie ist aus dem Bestehenden verschwunden, und wir haben gesagt still, verstohlen sogar: Kein Erdbeben läutete die Glocken in ihren wankenden Thürmen; da war nirgendwo eine sociale Convulsion und keine

„Klagen von Nationen über seine geheiligten Wälle."

„Sie ist aus dem Dasein verschwunden, und ihre mehr als zwei Millionen Geviertmeilen sind unter die Aufsicht Großbritanniens gekommen. Hier ist eine Sache für die Unterstützer der Monroe-Doktrin, um darüber nachzudenken. Zu den 400,000 Geviertmeilen gezählt, die vorher britisches

Gebiet waren, macht jetzt das britische Nordamerika wirklich ein Ganzes aus, das hinter den Ver. Staaten nur um 100,000 Geviertmeilen zurücksteht. Dieß würde ein Stück Land, ohngefähr von der Größe des Staates Kansas, oder England, Irland, Schottland, und Wales zusammengenommen, ausmachen.

„Wir weisen auf die Hudsonbai=Compagnie hin, eines der großen Monopole einer Vergangenheit. Letzterer angehörend, konnte sie in dieser Zeit nicht leben. Sie starb an der Eisenbahn und am Dampfer. Alle ihre ausgedehnte Macht fiel an das britische Gouvernement zurück, und ihre übrigen Zwecke sind durch Ankauf in die Hände einer Gesellschaft gefallen, deren Reichthum — wie behauptet wird — unbegrenzt ist und die das Entfalten des ganzen Landes der Hudsonbai und des von ihr bewässerten Gebietes in seiner vollen Befähigung zu entwickeln beabsichtigt. Wir fangen schon an die Umwandlung zu bemerken, welche vorgearbeitet wird. Einwanderung, Besiedelung, Entwicklung in jeder Art wurde durch die Hudsonbai=Compagnie entmuthigt, die ihre ganze Macht anwandte, um das Land in seinem Urzustande zu erhalten. Dieß verursachte, daß jenes ganze Gebiet stille stand, während die Ver. Staaten an dessen Seite in ihren gegenwärtigen Zustand gelangten. Indessen walten jetzt verschiedene Ansichten, und die Bewegung des Fortschritts, welche überall in der Welt sich regt, ist in jene entfernte Regionen gedrungen. Völlig der Emigration und Ansiedlung geöffnet — neben allen verschiedenartigen Unternehmungen des Kapitals, und der Aufklärung einer halbwöchentlichen Post — verspricht jenes Land der Nebenbuhler unseres Gedeihens zu werden, und uns im Norden, mit britischem Beistande, gerade ein solches Gleichgewicht zu geben, wie Frankreich und Spanien an unserer andern Seite herzustellen wünschen. Es mag dieß ein hübscher Theil des europäischen Planes sein; allein kein

Zweifel kann darüber herrschen, daß die ganze Veränderung in Britisch-Nordamerika durch den Wunsch des britischen Gouvernements genährt, wo nicht hervorgebracht wurde: mit der Entwickelung dieses Landes zu wetteifern.

„Großbritannien, dessen Kapital russische Eisenbahnen, orientalische Packetschiffe und sogar amerikanische Lokomotiven baut, wird in einem solchen Falle, wie dieser, sein Geld freigebig spenden und hat gut begonnen. Kaum hat John Bull dieses neue Land überblickt, so ist eine Pacific-Eisenbahn projektirt worden. Wir haben eine Eisenbahn im Voranschreiten, die von St. Paul in Minnesota nach Pembina, nordwestlich von St. Paul und fast bis zur britischen Grenzlinie gehen soll. Englisches Kapital betrachtet unsere Linie sehr günstig und schlägt vor: sie von Pembina bis ans stille Meer fortzusetzen, die Felsgebirge nahe dem Quellengebiet des Saskatschewanflusses durchschneidend. Eine solche Linie würde weniger als zwei Drittheile der Länge haben, als eine Linie von Cairo (am Mississippi) nach dem stillen Meer. John Bull kann die Eisenbahn machen, aber eine Telegraphenlinie bis an das stille Meer wird er sicher machen. Sie soll nach Vancouvers Eiland laufen, und eine amerikanische Linie wird sich damit auf einer Station am Rothflusse des Nordens verbinden und sie so nach den Ver. Staaten bringen. Aber am andern Ende beabsichtigt man nicht, sie auf Vancouvers Eiland halten zu lassen; sie soll von da weiter gehen und in Russisch-Amerika sich mit dem Telegraphen über die Behringsstraße vereinigen, um nach Europa zu gehen, und wenn das atlantische Kabel nicht beeilt wird, kommt man ihm zuvor."

Auf den Staat Minnesota zurückkommend, wo alle Eisenbahnen in einem Mittelpunkt zusammentreffen werden, und von wo aus sie sich in verschiedenen Sectionen verbreiten, die jetzt so rasch in der Entwickelung voranschreiten, wobei die Bedeutung einer weisen und liberalen Gesetzgebung von Seite des britischen Gouvernements mitspricht, wollen wir gewisse Briefe und Schriften hinzufügen:

Brief des Gouverneurs von Minnesota an Thomas Rawlings, Esq.

„Gresham Haus, Old Broad Street, London.
Executiv-Departement des Staates Minnesota.
St. Paul, 28. November 1862.

„Ich betrachte die betreffende Bahn als einen Central-Ausgang nach den ausgedehnten und fruchtbaren Gegenden im Norden Minnesotas, und die Ländereien in ihrer Nachbarschaft müssen materiell im Werthe steigen, so wie ihre Herstellung voranschreitet. Ich füge Ihnen Dokumente bei, welche meine Schätzung des künftigen Fortschrittes der Region andeuten, mit der die St. Paul und Pacific-Eisenbahn eng verbunden ist. Ich sende Ihnen auch ein Memorial der letzten Legislatur von Minnesota über denselben Gegenstand, worüber ich meine officielle Billigung ausgesprochen."

Auszug eines Memorials, dem Congreß der Ver. Staaten vorgelegt.

„Es ist jetzt wohl bekannt, daß sich nördlich vom 49. Breitengrade und westlich vom 94. Längengrade ein Distrikt nach dem Felsgebirg hin erstreckt, der angemessen als Central-Britisch-Amerika benannt werden kann.

„Diese Region, wenigstens bis zum 54. Breitengrade — fünf Breitengrade und elf Längengrade lang — ist mit Minnesota durch innere Fluß- und Seeschifffahrt verbunden und ist zur Unterhaltung einer so dichten Bevölkerung befähigt, als jene der Staaten Michigan, Wisconsin und Minnesota.

„Das Klima und der Boden laden ähnliche Agrikultur ein. Die Selkirk-Ansiedelung mit einer Bevölkerung von

10,000 Seelen verbindet sich unmittelbar in Minnesota und ist der Schlüssel zur zukünftigen Besitznahme und Entwickelung des fruchtbaren Thales und der schiffbaren Flüsse, die sich in den Winnipegsee ergießen. Einer dieser Ströme, der Rothfluß des Nordens, ist 400 Meilen lang, während seines Laufes in den Ver. Staaten schiffbar, die nordwestliche Grenze Minnesotas bildend.

„Es war eine Lieblingspolitik des Derby-Ministeriums, und besonders von Sir Edward Bulwer Lytton, des Colonial-Secretärs, eine Kron-Kolonie von Central-Britisch-Amerika zu organisiren, mit dem Gouvernementssitz zu Selkirk.

„Eine Bill für diesen Zweck war während der Palmerston-Administration nicht zu erpressen, zum größten Mißvergnügen des sehr interessirten Volkes.

„Unterdessen hat sich das System der Revenüen und der Post der Ver. Staaten bis Pembina ausgedehnt und darüber hinaus, und mit Hülfe einer Dampfschifffahrt, die durch den Unternehmungsgeist von Bürgern Minnesotas aus dem nahen Quellengebiet des Mississippi nach dem Rothflusse verpflanzt wurde, ist ein früheres Vorurtheil gegen geschäftliche und sogar politische Verbindung mit den Ver. Staaten schnell entfernt worden. Es ist nicht zuviel gesagt, daß wenn England nicht sofortige Maßregeln in Betreff des Rothflusses und Saskatschewan durch politische Organisation trifft und die Colonisation durch wirksame Anstalten befördert, die Amerikanisation einer Getreideregion, so groß als sechs Staaten vom Umfange Ohios, nicht lange aufgeschoben werden kann. Bisher hat die Bevölkerung Minnesotas keine andern Verbindungen mit ihren nördlichen Nachbarn gewünscht, als die Uebereinstimmung internationaler Verträge. Sie sucht keine andere, und ist zufrieden mit der politischen Grenze, die ihrem politischen Besitz anvertraut ist, obschon sie der Mittelpunkt einer weiten Abtheilung der physikalischen Geographie beansprucht."

Vom Ehrenwerthen **Henry M. Rice,** Ver. Staaten Senator, an **E. B. Litchfield,** Esq., in New-York.

„Senats-Kammer, Washington, D. C., 27. Novbr. 1862.

Werther Herr!

Die Ländereien, welche zur Hauptlinie der St. Paul und Pacific-Eisenbahn von Stillwater bis nach Breckenridge gehören, sind unter die werthvollsten des Staates zu zählen, und seit die Bewilligung vom Congreß gemacht und die Route gewählt und vermessen wurde, ist das von ihrer Linie durchzogene Land durch fleißige Ansiedler dicht besetzt worden. Es sind viele Gemeinden, Dörfer und Städte entstanden. — Die Eisenbahn-Ländereien können, sobald die Bahn hergestellt sein wird, beim öffentlichen Verkauf zu $ 20 für den Acker angenommen werden, was £ 4 gleichkommt. Es ist selten, daß sich eine Linie von nur zehn Meilen bezahlt, allein dieß ist der Fall bei dieser Bahn von St. Paul nach St. Anthony; der Geschäftsverkehr auf derselben wird Alle in Erstaunen setzen, die nicht persönlich mit den Hülfsquellen des obern Mississippithales und der Gegend am Rothflusse bekannt sind.

Durch die Beschwerden in den Küstenstaaten des Nordens und Südens veranlaßt, werden Tausende im Frühjahr nach Minnesota ziehen. Ich habe eben einen Brief vom ehrenwerthen B. B. Meeker in Kentucky erhalten, worin gesagt wird, daß eine große Zahl seiner Bekannten im Staate, zu den wohlhabendsten Bewohnern gehörend, dieß beabsichtigen.

Aufrichtigst Ihr
Henry M. Rice."

Von J. W. Taylor, Esq., an Thomas Rawlings, Esq.

St. Paul, 21. November 1862.

— „Ich halte dafür, daß dieses Eisenbahn-Unternehmen dieselben Aussichten gewährt, welche die erste nordwestliche Bahn von Chicago 1852 hatte.

„Was zehn Jahre für die Chicago- und Galena-Eisenbahn in Betreff des Geschäfts sowohl, als auch des Werthes der Ländereien an derselben, sich erfüllt hat, das nehme ich 1872 für die nordwestliche Bahn von St. Paul an. Der Nordwesten jenseit St. Paul, welcher sich durch Britisch-Amerika nach dem Felsgebirge hinstreckt, ist für eine Entwickelung bestimmt, die meine vorherige Behauptung gewährleistet.

„Lord Dunmore, der den Sommer von 1862 im britischen Landgebiete nordwestlich von Minnesota zubrachte, kam kürzlich durch St. Paul auf seinem Wege nach London. Er bestätigte vollkommen die Nachricht von den Goldentdeckungen am Saskatschewan-Flusse, östlich von dem Felsgebirg. Seine eigenen Worte sind: „Ein Zulauf kann im nächsten Sommer von England und Canada erwartet werden."

„Eine Ueberland-Auswanderung in dieser Richtung hat bereits begonnen, und wird von St. Paul nach dem Rothflusse über St. Paul und Pacific-Eisenbahn gehen."

Vom Landmesser des Land-Amtes im Staate Minnesota an Edmund Rice, Esq.,

Präsident des St. Paul und Pacific-Eisenbahn-Amtes.

„St. Paul, 24. Januar 1863.

„Ich habe die Ehre, Sie unter der Akte der Legislatur vom 10. März 1862 davon zu unterrichten, daß nicht weniger als 100,000 Acker Schullandes abgeschätzt und in öffentlicher Versteigerung zum Verkauf kommen sollen, am oder vor dem 1. November 1862; $87,832^{93}/_{100}$ Acker wurden zum Verkauf ausgeboten, wovon $38,147^{13}/_{100}$ Acker für $242,531^{60}/_{100}$ Dollars verkauft wurden; der Durchschnittspreis für den Acker war $6^{35}/_{100}$ Dollars. Die durchschnittliche Entfernung der Ländereien von einer öffentlichen Beförderung an Märkte ist nicht weniger als 25 Meilen.

„Ich will auch anführen, daß die Nachfrage um diese Ländereien sich so gestaltet, daß der Staat einen weitern Generalverkauf im Mai dieses Jahres veranstalten wird."

Vom ehrenwerthen **Edmund Rice**, Präsident der St. Paul und Pacific = Eisenbahn, an **Thomas Rawlings**, Esq., London.

„St. Paul, 30. Januar 1863.

„Ich habe die Ehre, Ihnen hiermit eine Karte des Staates Minnesota zu übersenden, worauf die Ländereien unserer Compagnie bezeichnet worden. Dieß sind die 307,200 Acker, welche an Administratoren verpfändet wurden, um die Zahlung von 1,200,000 Dollars zu 7 Procent Obligationen, datirt vom 2. Jan. 1862, zu sichern.

„Sie werden deren Nähe an der Eisenbahn und am Mississippi=Flusse bemerken; nichts davon liegt mehr als 15 Meilen entfernt.

„Die Identität derselben ist unter dem Siegel des Departements des Innern bestätigt.

„Ich schließe auch eine amtliche Beschreibung der Ländereien bei, die in jedem Ortsbezirk (Township) enthalten sind, sowie sie vom General=Vermessungs=Amt durch die Gouvernements=Vermesser, die geschworene Beamte sind, eingerichtet wurden. Gleichfalls füge ich eine amtliche Vorlage des

Staats-Commissärs vom Land-Amte bei, die den erzielten Erlös aus versteigerten Schulländereien nachweiset.

„Diese Ländereien wurden von den Ver. Staaten zur Unterhaltung von Schulen bewilligt und bestehen aus den Sectionen 16 und 36 eines jeden Ortsbezirks.

„Natürlich können sie nicht besser sein, als die Eisenbahn-Ländereien, und in einer Beziehung sind dieselben nicht so werthvoll, weil sie sich nach allen Theilen des Landes hin zerstreuen, wogegen die Eisenbahnländereien alle innerhalb 15 Meilen von der Bahnlinie sich befinden.

„Sie müssen bemerken, daß eine gedeihende Bevölkerung sich im ganzen Mississippithale von St. Paul bis Crow-Wing befindet, und daß dadurch die Ländereien der Compagnie werthvoller und erwünschter für Auswanderer gemacht werden, als es sonst der Fall sein würde."

Zur Bestätigung des Werthes dieser Ländereien im Vergleich mit dem Schullande, empfingen wir Folgendes von den Senatoren Minnesotas:

„Senats-Kammer, Washington, D. C., 19. ruar 1866.

„Aus persönlicher Kenntnißnahme sind w überzeugt, daß die zur St. Paul und Pacific-Eisenbahn gehörigen Ländereien so werthvoll und so gut gelegen sind, als die Schulländereien, und etliche davon werthvoller, wegen ihrer Nähe an der Bahn und an den zahlreichen Depots, oder Stationen an der Linie.

M. S. Wilkinson, Ver. St. Sen
Henry M. Rice, Ver. St. Senator."

Diesen bestätigenden Zeugnissen wollen wir noch einige weitere Bemerkungen beifügen in Betreff der Verbindungen von Nord=Britisch=Amerika zu dem bezüglichen Staat. 1858 erklärte Sir Edward Bulwer Lytton im Namen des Gouvernements die Politik der zusammenhängenden Colonien vom Obernsee bis an's stille Meer als eine Hauptstraße durch Britisch=Amerika, und als die direkteste Route von London nach Peking und Jeddo.

Central=Britisch=Amerika mit seiner ungeheuren Fähigkeit für Erzeugung von Getreide und Vieh, ist bisher auf drei Routen zugängig gewesen: — durch die Hudsonbay, durch den Obernsee und über die westlichen Ebenen von St. Paul in Minnesota. Die letztgenannte ist jetzt allgemein als die geeignetste Route erklärt worden.

Die Verbindung durch die Hudsonbay hat gefährliche Schifffahrt, ist auf eine kurze Jahreszeit beschränkt und durch die Nothwendigkeit zahlreicher und schwieriger Tragstellen verzögert. Dieselbe Bemerkung ist auch — wenngleich in geringerem Grade — auf die Route durch den Obernsee und von da nach Fort Garry anwendbar.

Durch die Minnesota=Route, welche bald aus einem Schienenweg nach dem Rothflusse bestehen wird, und aus Dampfschifffahrt auf dem Winnipegsee und dem Saskatschewan nach dem Felsgebirge, existirt eine natürliche Hauptstraße, so vortheilhaft in allen Beziehungen, daß sie unter den englischen Schriftstellern ansehnliche Vorstellungen erregt hat und man die Bestimmung dieses Distrikts zum unvermeidlichen Zusammenwachsen mit den Mississippistaaten anerkennt.

Die große Hudsonbay=Gesellschaft hat meistens die zwei erstern Linien zu Gunsten der letztern verlassen. In einer verhältnißmäßig frühen Periode begann sich dieselbe durch die Vorzüge der Wohlfeilheit, Schnelligkeit und Geradheit für den Durchgang nach dem Westen zu empfehlen. 1858, vor der Dampfschifffahrtseinrichtung auf dem Rothflusse, versandte die Gesellschaft sechszig Verpackungen (Ballen) auf diesem Wege. 1859 wurden über 50 Tonnen Gewicht an Gütern durch diesen Kanal verschickt und bildeten einen Theil der ersten Fracht, welche die kleinen Dampfer auf dem Roth= flusse trugen. Zufriedengestellt mit den Erfolgen dieses Ver= suches, machte sodann die Gesellschaft Veranstaltungen mit den Herren Burbank & Comp. in St. Paul zur Beför= derung aller ihrer Zufuhren für den Rothfluß=Handel, zum jährlichen Betrage von 250 bis 300 Tonnen. Die Ent= wickelung einer Dampfverbindung auf dem Winnipegsee wird die gesammte Versendung des Handel nach Minnesota ziehen.

1862 endete das Eisenbahnsystem der Ver. Staaten zu La Crosse im Staate Wisconsin. Von dort Dampfschifffahrt nach St. Paul, Landtransport von 250 Meilen nach George= town am Rothflusse und Dampfschifffahrt nach Fort Garry; dieß war die Art des Durchganges. Jenseits der Selkirk= Ansiedelung sind Ruderboote und der Holzwagen des Pelz= händlers die rohen Hülfsmittel der Einwohner. Allein mit den Goldentdeckungen an den Quellen des Saskatschewan ist ein neuer Stand der Dinge zur Hand. Wenn Dampfer einst auf dem Winnipegsee und dem Saskatschewan hergestellt sein werden, kann der Auswanderer die Reise von Torronto in Canada nach den Caribo=Minen in Britisch=Columbia in 30 Tagen zurücklegen, und zwar mit weniger Ausgaben, als jetzt zur Reise über Land von der Mündung des Frazer= flusses in das Cariboland erforderlich sind.

Somit führen wir die Worte eines vorzüglichen Schrift= stellers an, dessen Buch über Minnesota wir viele nützliche Unterweisung entnommen haben:

„Durch Minnesota, dem einzigen Fußsteg der westlichen Auswanderung, muß der große Auszug fließen, welcher sich jetzt vergeblich gegen die Ufer Europas durch die Päße des Kaukasus stürzt. Jede vordringende Woge der Bevölkerung hebt diese gesammelte Fluth des amerikanischen Lebens höher und höher, welche, sobald sie anfängt auf die Ernährungsmittel zu drücken, ihre mächtige Fluthung durch diesen engen Kanal in das Binnenlandbassin des Nordwestens ergießt, bis den atlantischen und den stillen Ocean eine lebendige Kette bevölkerter Staaten verbindet. Siehe, dann wird der geographische Kreis amerikanischer Entwickelung vollständig sein! Künftig wird die in der weiten territorialen Ausdehnung dünn zerstreute Kraft zusammengezogen sein für eine emporgehende Laufbahn der Gesittung und des gesellschaftlichen Gedeihens. Dieß ist nur der Umriß, schwach auf die Leinwand hingeworfen, zur Bezeichnung des Reiches, in dem sich der Glanz und Schmuck aller Geschichte der Civilisation entfalten wird. Der Fortschritt ist nicht länger eine oberflächliche Verbreitung, sondern ein inneres Gedeihen, dessen Maß nicht Weite, sondern Tiefe ist. Die Bewegung des Lebens ist von der Außenseite nach der Mitte gebracht worden. Der gegenseitige Dualismus des Ostens und Westens, Nordens und Südens — ihr Vorgang und Rückschritt — wird zur continentalen Oekonomie. Das Gesellschaftsleben der neuen Welt hört auf, ein Fragment zu sein, — ein gebrochenes Echo der Ueberlieferungen einer alten Welt, — und wird ein vollständiger nnd abgerundeter Continental-Organismus, zugleich unabhängig und vortrefflich, wovon Minnesota den lebenden Mittelpunkt bildet, — das Herz, von dem aus alle seine Adern nach der majestätischen Systole und Diastole des Welthandels pulsiren."

In Bezug auf die vorstehend erwähnten Ländereien wollen wir folgender Bekanntmachung Raum geben:

Holz-, Wiesen- und Prairie-Ländereien im Staate Minnesota

zum Verkauf bei der ersten Division der St. Paul und Pacific-Eisenbahn-Compagnie.

307,200 Acker wünschenswerthen Landes im Thale oder zu den Seiten des obern Mississippiflusses und an die Eisenbahnlinie floßend.

Diese Ländereien sind seit 1857 vom Verkauf ausgeschlossen gewesen und liegen inmitten ansehnlicher Niederlassungen, bequem zur Benutzung von Kirchen und Schulen, hergestellten Eisenbahnen und Märkten. Sie werden nur wirklichen Ansiedlern in Flächen von 40, 80, 160 und mehr Ackern abgelassen.

Sie werden billig gegen Baarzahlung, gegen Obligationen (Bonds) der Compagnie pari oder auf Credit verkauft.

Sie sind steuerfrei bis zum Verkauf und zur Uebertragung von der Compagnie.

Den Agriculturisten mit geringem Vermögen, die für sich und ihre Kinder eine gesunde und ergiebige Heimath suchen, Viehzüchtern und vornehmlich Wollerzeugern werden hier Vortheile geboten, wie noch nie zuvor in den Ver. Staaten.

Die St. Paul und Pacific-Eisenbahn (Zweig-Linie) erstreckt sich von St. Paul über St. Cloud und Crow-Wing nach Pembina, am Rothfluß des Nordens, und ist ein Theil der großen International=Route durch den Continent nach dem stillen Meer. Die herrliche Region, sich nord=westlich von St. Paul, durch Minnesota und Britisch=Amerika bis zu dem Felsgebirge erstreckend, ist ebenso günstig für Getraidebau und Viehzucht, als Michigan und Wisconsin. Die mittlere Temperatur für Frühling, Sommer und Herbst in New=York auf den 42 und 43 Parallelen beobachtet, ist genau durch St. Paul und die Thäler des obern Mississippi, sowie des Rothflusses und Saskatschewan bis zum 55 Breiten=grade am stillen Meer verfolgt worden.

Das Klima Minnesotas ist das gesundeste in den Ver. Staaten. Sehr Viele kommen jährlich aus allen Theilen des Landes hierher, um ihre erschöpfte Gesundheit wieder herzustellen. Der Boden ist fruchtbar und wohlgeeignet zum Maisbau, zur Erzeugung von Waizen, Roggen, (Gerste), Hafer, Kartoffeln, (Rüben), Gras und Vegitabilien aller Gattungen. Ueberall findet sich herrliches Wasser im Ueber=fluß und Holz von fast allen Sorten mehr als hinlänglich für den Bedarf einer großen Bevölkerung.

Die blühenden Städte Anoka, Dayton, Monticallo, Clearwater, St. Cloud, Watab, Little Fal und Crow=Wing liegen an der Bahnlinie, und sind in passenden Ent=fernungen von einander befindlich, den Ansiedlern zuverlässige Marktplätze darbietend.

Die Compagnie erwartet bald gegen 600,000 Acker an der Hauptlinie anbieten zu können, die von St. Paul über St. Anthony, Minneapolis nach Big Stone Lake zur west=lichen Staatsgrenze hinläuft. Diese Ländereien werden als die werthvollsten des Staates erklärt und sind an der directen Route nach den Gold=Bergwerken von Idaho gelegen, wes=halb sie besonders wünschenswerth für Ansiedler erscheinen.

Geo L. Becker,
Präsident und Ban=Commissär der Compagnie.

Der Unterzeichnete fühlt sich veranlaßt, aus eigener Erfahrung dem Voranstehenden Folgendes hinzuzufügen.

Ich kann aus vollster Ueberzeugung bestätigen, daß die Ländereien oben erwähnter Compagnie zu den fruchtbarsten und bestgelegentsten des herrlichen Staates Minnesota gehören und daß diese Compagnie grundsätzlich eine sehr liberale Politik in Bezug auf den Verkauf ihrer Ländereien befolgt. Ich verweise hinsichtlich des Näheren auf das, was in meinen beiden Emigrations-Monographien über „Minnesota in seinen Hauptverhältnissen" und „Superiorcity und Umgegend" angeführt steht. Besonders wiederhole ich an dieser Stelle, daß die St. Paul und Pacific-Eisenbahn-Compagnie als Sekretair des Land-Departements Herrn Hermann Trott aus Hannover angestellt hat, an den sich Einwanderer mit vollstem Vertrauen wenden können. Mit demselben bin ich seit langen Jahren bekannt und befreundet, so daß meine Empfehlung als wohlbegründet angenommen werden darf. Ein solcher Anhalt ist für Neuankommende von unberechenbarem Vortheil.

Eduard Pelz.

In der Buchhandlung von **Hoffmann & Campe** in Hamburg sind ferner zu haben:

Der Wandertrieb des Menschen. Eine Betrachtung von Ed. Pelz. 2 Sgr.

Ueber Auswanderung. Von demselben. 3 Sgr.

Superior City. Emigrations-Monographie. Von demselben. 5 Sgr.

Minnesota in seinen Hauptverhältnissen. Emigrations-Monographie. Von demselben. 5 Sgr.

Auswanderungslustige werden diese kleinen Schriften mit Nutzen lesen, welche vom Verein von Freunden der Erdkunde zu Leipzig in der Generalsitzung am 18. April 1866 als Beiträge zur Lösung der gestellten Preisfrage: „Wohin sind deutsche Auswanderer am besten zu leiten?" erklärt wurden. Wer sich für den Nordwesten der Vereinigten Staaten und für Minnesota speciell interessirt, dem können hauptsächlich die drei letztgenannten Abhandlungen angelegentlichst empfohlen werden.

Druck von H. M. Hauschild in Bremen.